技工院校通用职业素质课程实验

自我管理教案汇编

主　编　王泳娣　叶　蓉

参　编　陈国清　廖秋兰　张嵛玉　吴玉云
　　　　刘先勇　夏智勇　高素敏　侯鸿雁
　　　　魏银星　高　云

中国劳动社会保障出版社

简介

本教案汇编是技工院校通用职业素质课程实验教材《自我管理》的配套用书。本书紧扣教学要求，内容编制依照教材单元顺序展开，主要包括自我与角色、时间与计划、情绪与心态、习惯与自律、自省与提升。单元中的每一课有 1~2 个教案供教师参考，配套资源库可登录 http://jg.class.com.cn，在对应的书目下下载。

本书由王泳娣、叶蓉主编，陈国清、廖秋兰、张嵛玉、吴玉云、刘先勇、夏智勇、高素敏、侯鸿雁、魏银星、高云参加编写。

图书在版编目(CIP)数据

自我管理教案汇编/王泳娣，叶蓉主编. -- 北京：中国劳动社会保障出版社，2019
(技工院校通用职业素质课程实验)
ISBN 978-7-5167-4346-1

Ⅰ. 自… Ⅱ. ①王… ②叶… Ⅲ. ①自我管理-教案（教育）-汇编-技工学校 Ⅳ. ①C912. 1

中国版本图书馆 CIP 数据核字(2019)第 297020 号

中国劳动社会保障出版社出版发行

（北京市惠新东街 1 号　邮政编码：100029）

*

北京市科星印刷有限责任公司印刷装订　　新华书店经销

787 毫米×1092 毫米　16 开本　6. 25 印张　106 千字

2019 年 12 月第 1 版　　2022 年 12 月第 5 次印刷

定价：20. 00 元

营销中心电话：400-606-6496

出版社网址：http://www.class.com.cn

http://jg.class.com.cn

目　录

第一单元　自我与角色

第一课　认识真实自我教学设计 1

<table>
<tr><td>教学单元/课</td><td>第一单元　自我与角色
第一课　认识真实自我</td><td>课时</td><td>2 课时</td></tr>
<tr><td>教学内容</td><td colspan="3">认识自我的评价方法；认识自我后的调整</td></tr>
<tr><td rowspan="2">教学对象</td><td>授课专业</td><td>授课班级</td><td>学生人数</td></tr>
<tr><td>模具专业</td><td>五年制高级班
中级阶段</td><td>55</td></tr>
<tr><td>学情分析</td><td colspan="3">所授班级为 2019 级新生，男生班级。该班学生活泼好动，爱表达，不喜欢枯燥的理论讲授，喜欢生动多样的课堂活动，思维活跃，有较好的理解力</td></tr>
<tr><td colspan="4">一、教学目标</td></tr>
<tr><td colspan="4">掌握认识自我的方法，能通过自我和他人评价反省自身优缺点，得出客观认识自我的结果，学会用成长心态来看待认识自我的结果，调整行为，树立自我成长目标，增强克服困难和不断前进的勇气</td></tr>
<tr><td colspan="4">二、重难点分析</td></tr>
<tr><td colspan="4">重点：能理解自我评价的方法
重点突破策略：通过制作和填写新颖有趣的迷你书（见附件），引导学生体验自我评价方法，完成自我评价方法的学习
难点：能进行认知自我后的积极调整
难点化解策略：结合视频及提问，接纳完整自我，并能根据理想自我调整行为，实现自我成长</td></tr>
<tr><td colspan="4">三、学习资源</td></tr>
<tr><td colspan="4">打造开放式教学模式，以小组讨论为主要教学方法，鼓励学生独立思考并通过团队协作共同完成任务。具体所需的学习资源如下：
1. 教学平台：互动学习平台
2. 多媒体教室及教学设备：电脑、手机、网络、投影仪、麦克风、黑板等
3. 信息化教学资源：演示文稿（以下简称 PPT）、视频
4. 其他资源：A4 纸、迷你书制作材料</td></tr>
</table>

续表

<table>
<tr><td colspan="6">四、教学实施过程</td></tr>
<tr><td colspan="2">教学环节（时间）</td><td>学习内容</td><td>师生活动</td><td>教学手段/教学方法</td><td>设计意图</td></tr>
<tr><td>课前</td><td>讨论及物品准备</td><td>1. 头脑风暴：思考你为什么选择这个专业以及你有哪些优势
2. 完成迷你书制作
3. 预习第一课内容</td><td>1. 教师在课前两天创建头脑风暴主题，学生通过互动学习平台进行讨论
2. 各小组梳理组员观点，便于课中交流
3. 教师发布迷你书折叠步骤，学生用 A4 纸进行制作并填写好相关内容（见附件）
4. 教师对学生的思考过程进行归纳总结，及时调整教学方式、教学节奏，使教学更具有针对性</td><td>互动学习平台/头脑风暴法</td><td>1. 学生通过头脑风暴对“认识自我”有初步思考，便于教师新课导入和学习，为深入思考提供知识准备
2. 提前制作迷你书，为课堂讲授节省时间</td></tr>
<tr><td>课中</td><td>组织教学（2 分钟）</td><td>考勤，调整师生状态</td><td>1. 教师利用互动学习平台发起“一键签到”
2. 师生准备课堂物品，调整上课状态</td><td>互动学习平台</td><td>考勤登记，尽快进行课堂状态</td></tr>
<tr><td>课中</td><td>新课导入（8 分钟）</td><td>“我”的等式：____+____+____+____+____+____=我</td><td>1. 学生思考和填写“我”的等式
2. 教师引导学生对自己的外貌、个性、兴趣等方面进行概括
3. 学生讨论这个等式是否组成了完整的自己</td><td>PPT/提问教学法</td><td>1. 等式导入能较好吸引学生的注意力，快速进入上课状态
2. 让学生对自己有初步认识，便于教师开展新课</td></tr>
<tr><td>课中</td><td>新课教学一（15 分钟）</td><td>自我评价的三个维度：生理自我评价、心理自我评价和社会自我评价</td><td>1. 教师通过板书引导学生理解完整的自我评价所包括的三方面内容
生理
完整
心理
社会
2. 学生根据自我评价的三个方面对“我”的等式中的词语进行归类</td><td>PPT/讲授法</td><td>通过对自我评价内容进行分析，为学生自我评价和他人评价指明思考方向</td></tr>
</table>

续表

教学环节（时间）		学习内容	师生活动	教学手段/教学方法	设计意图
课中	新课教学二（20分钟）	认识自我的方法 1. 自我评价的方法：自我观察法、自我反省法和记录法 2. 他人评价	1. 教师出示迷你书范例，明确活动任务，讲解填写要求 2. 小组自行探究学习自我评价的方法，讨论在日常生活中如何运用观察法、反省法和记录法，并尝试在迷你书制作中运用这些方法进行自我评价 3. 学生独立填写迷你书 1~4 页 4. 小组讨论如何进行他人评价、如何听取和判断他人评价结果，填写第 5 页 5. 教师巡堂，了解学生填写情况，及时发现和解决问题 6. 学生展示填写内容，教师根据实际情况对学生理解不深的知识点进行讲解，引导学生理解自我评价和他人评价的差异性 7. 学生对填写内容进行分析、整理，将客观完整的自我认识填写在课本第 9 页相应位置上	PPT 迷你书/ 演示法 小组讨论法 自主学习法	1. 迷你书围绕自我评价、他人评价、认识结果调整等方面进行设置，能在任务实施过程中让学生得到较为完整的学习体验 2. 利用小组探究对自我评价方法进行学习，发挥学生的主动性，突破知识重点 3. 创设开放式课堂，激发学生的学习能力，提升教师的课堂驾驭能力
课中	新课教学三（15分钟）	认知自我后的调整 1. 接纳认识自我的结果 2. 缩小与理想自我的差距	1. 观看珍珠形成过程视频，引导学生理解完整的自己包含了自己喜欢和不喜欢的部分，接纳全部才能选择合适自己的成长道路 2. 学生思考：一棵树生长 18 年和一个人成长 18 年有什么不同？引导学生理解成长就是朝着自己的目标前进，实现个人价值 3. 学生完成迷你书第 6、第 7 页 4. 小组间分享自己的记录，教师聆听和引导如何缩短现实自我与理想自我的差距	PPT 视频/ 问答式教学法 互动式教学法	1. 观看视频调节课堂节奏和氛围，引发学生思考 2. 利用对长大和成长的思考，得出结果可变的观念，鼓励学生接纳完整自己，化解难点 3. 小组讨论促进学生对认知调整的理解

续表

教学环节（时间）		学习内容	师生活动	教学手段/教学方法	设计意图
课中	活动体验（20分钟）	迷你书“我想对自己说”部分的内容	1. 学生完成迷你书第8页内容 2. 小组分享制作迷你书的心得体会及认识自我的意义，教师聆听 3. 各小组选出一本最优作品，全班分享	迷你书/体验式教学法	1. 填写“我想对自己说”，进行自我激励，提升克服困难的勇气 2. 全班分享优秀迷你书，提升学生成就感，领悟自我价值的意义
课中	课堂小结（8分钟）	本课知识方法的梳理	1. 教师对学生理解不透的知识进行梳理，使学生掌握评价方法 2. 鼓励学生以现实自我为起点，不断向理想自我靠近，实现成长	PPT/讲授法	1. 对知识点进行查漏补缺 2. 鼓励学生积极面对自我，勇敢尝试和挑战
课中	布置作业（2分钟）	自我评价、他人评价的总结和练习	1. 学生根据课堂学习思考和迷你书填写课本8~9页表格，拍照并分享到互动学习平台，进行小组评分 2. 预习第二课：认清自身角色	PPT/练习法	学生进行归纳总结，形成清晰客观的自我认识结果
课后	拓展延伸	乔哈里视窗	1. 学生课后阅读和自学课本9~11页的知识拓展内容 2. 在互动学习平台进行讨论和分享	互动学习平台/互动式教学法	延展学生认识自我的宽度和深度，做到评价方式多样化

五、学业评价

本课学业评价通过让学生回顾和思考课前、课中、课后表现，就知识理解、技能提升和情感态度、价值观等方面对自己进行等级评价

学业评价表			
班级		姓名	
序号	评价内容		等级
1	按照要求进行课前讨论和迷你书制作		
2	能说出自我评价的三个维度		
3	能运用自我评价的三种方法		

续表

序号	评价内容	等级
4	能对他人进行客观评价	
5	能综合分析和整理自我评价和他人评价，得出客观的自我认识结果	
6	能接纳自我认识结果	
7	能根据理想自我，调整自身言行，缩小差距	
8	能积极参与小组探究，共同完成任务	
9	具有团队精神，善于沟通，虚心聆听他人建议	
10	敢于提出问题，并尝试解决问题	
11	有很好的语言表达能力	
12	能得到小组成员的认可	
13	课堂上认真听讲，主动回答提问	
14	能做好课堂笔记，对知识进行查漏补缺	
15	学习本课知识，提升自信水平	

等级分为优、良、中、差

等级评价中占比最高的等级即为最终等级

附　　件

一、迷你书折叠步骤

迷你书折叠步骤如附图 1—6 所示。

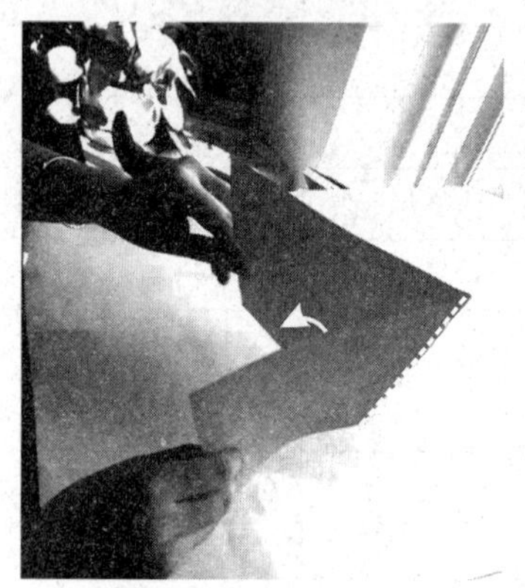

附图 1　长方形纸对折

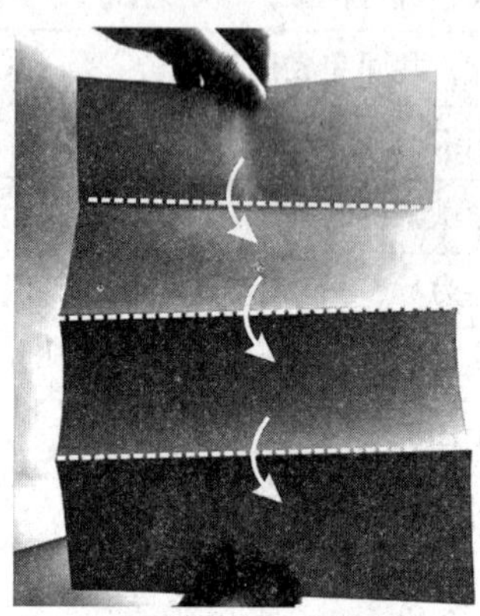

附图 2　再对折

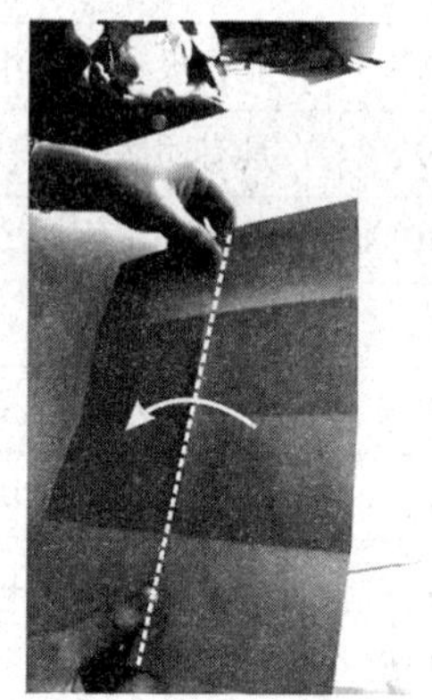

附图 3　横对折成八小块

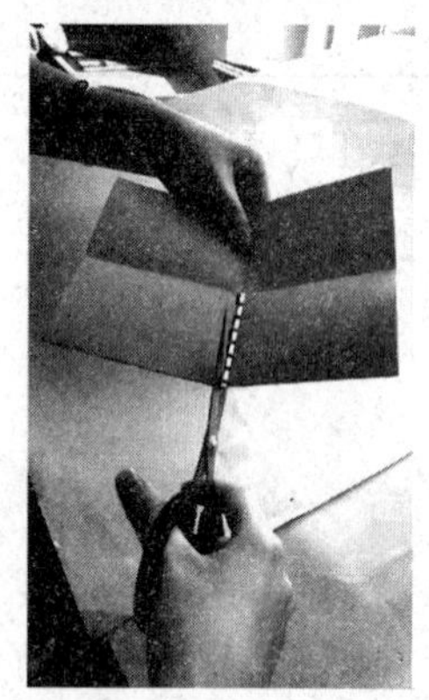

附图 4　对折剪开一半

附图 5　双后挤压开口

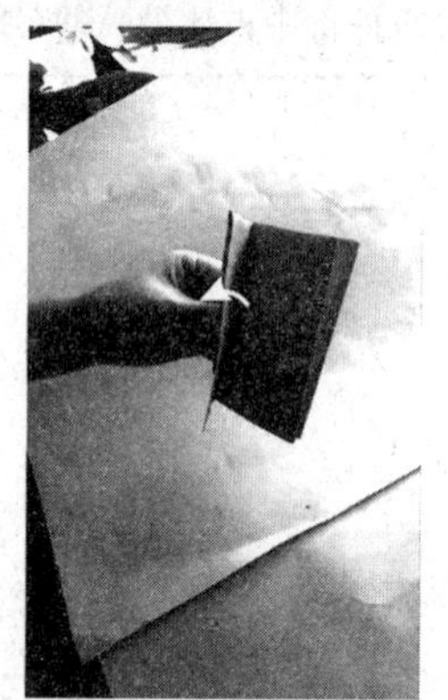

附图 6　顺折痕折成迷你本

二、迷你书页码填写要求及说明

迷你书填写要求及说明见附表，迷你书示意图见附图 7。

附表　　迷你书填写内容及说明

页面	内容	填写说明
1	封面	________的人生使用说明书
2	本“产品”的“主要成分”	学生主要运用自我观察法进行自我的生理评价、心理评价和社会评价

续表

页面	内容	填写说明
3	本“产品”做过的令人难忘的事	学生回顾一件自己做过且印象深刻的事并记录下来
4	本“产品”的重要特性	学生深入思考上页难忘的事情，通过自我反省法得出此事发生的内因，深度了解自我思维模式
5	“质检员”鉴定及改良建议	本页由其他同学对其进行评价
6	二代“产品”升级预告	由学生结合认识自我结果，填写个人成长目标
7	本“产品”的自画像	自画像不限定为人物，也可以是某种可以代表自己的物品
8	本“产品”的宣传语	本页填写鼓励话语，达到积极暗示的作用

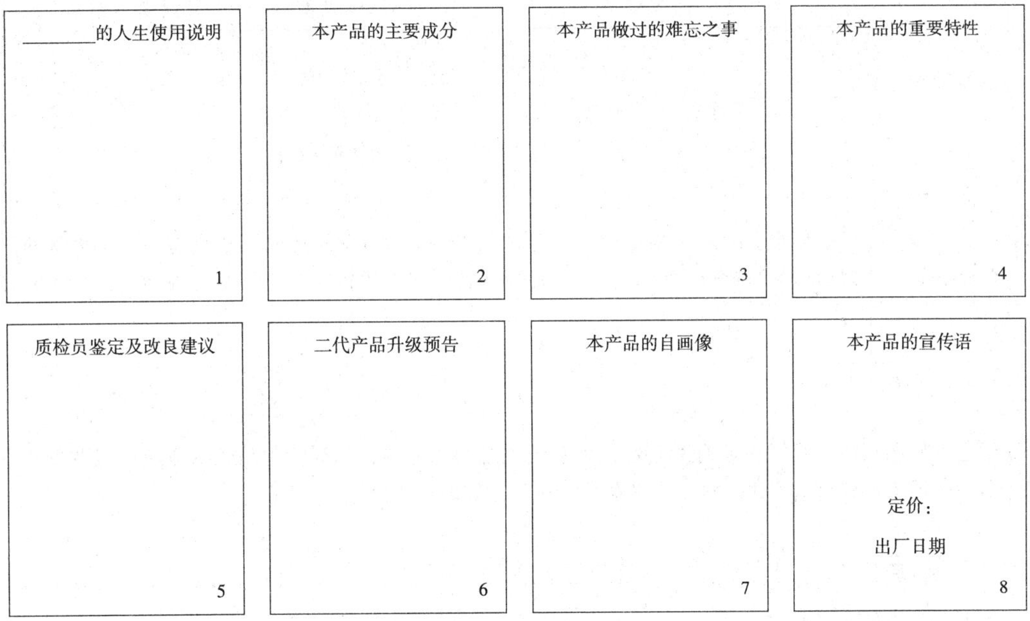

________的人生使用说明 1	本产品的主要成分 2	本产品做过的难忘之事 3	本产品的重要特性 4
质检员鉴定及改良建议 5	二代产品升级预告 6	本产品的自画像 7	本产品的宣传语 定价： 出厂日期 8

附图 7　迷你书示意图

第二课　认清自身角色教学设计 2

<table>
<tr><td>教学单元/课</td><td>第一单元　自我与角色
第二课　认清自身角色</td><td>课时</td><td>2 课时</td></tr>
<tr><td>教学内容</td><td colspan="3">认识角色；管理角色</td></tr>
<tr><td rowspan="2">教学对象</td><td>授课专业</td><td>授课班级</td><td>学生人数</td></tr>
<tr><td>铁路客运服务</td><td>3+3 年制
高级班
中级阶段</td><td>38</td></tr>
<tr><td>学情分析</td><td colspan="3">一年级新生对课程很期待，喜欢自主性强的活动式课堂。学生有一定的知识理解能力和处理问题能力，对自我管理类内容兴致较高，愿意配合教师完成学习任务</td></tr>
<tr><td colspan="4">一、教学目标</td></tr>
<tr><td colspan="4">学会分析和归纳“我”所拥有的角色，体会角色之间的差异；掌握管理角色的方法，能调整角色行为，勇于承担角色责任；树立“主动塑造角色，实现自我价值”意识</td></tr>
<tr><td colspan="4">二、重难点分析</td></tr>
<tr><td colspan="4">重点：明确角色定位
重点突破策略：通过分析《西游记》中师徒四人的角色身份，让学生学会判断当下的自我角色，了解当下角色的职责范围，知道“我是谁”，明确自身的角色认知和定位
难点：承担角色责任
难点化解策略：结合《西游记》“三打白骨精”案例分析师徒四人都承担哪些角色责任，各自有什么结果，从而化解“承担角色责任”的教学难点</td></tr>
<tr><td colspan="4">三、学习资源</td></tr>
<tr><td colspan="4">学习资源分为硬件资源和软件资源两类：
1. 硬件资源指的是可满足学生自主学习要求的教室及设备，主要包括学习讨论区、演示区、磁性白板、小礼品等。教室布局区别于传统教学布局，营造出“教（师）学（生）平等”、共同探讨的学习氛围，拉近教师和学生的距离，让课堂气氛更加融洽
2. 软件资源主要是数字化资源，包括手机应用软件、网络课程学习平台</td></tr>
</table>

续表

四、教学实施过程					
教学环节（时间）		学习内容	师生活动	教学手段/教学方法	设计意图
课前	课前任务（课前一周）	体会角色差异	1. 教师引导学生选择一个职业人，观察他某一时段的工作，将其工作流程记录下来，对比自己，体会角色差异 2. 学生讨论不同角色的异同	网络平台/任务驱动法	设计小任务，让学生提前预习，为突出重点、化解难点做铺垫
课中	组织教学（2分钟）	考勤及问候	1. 班长点名、汇报考勤情况 2. 教师检查书本、笔记本等学习工具	互动式教学法	课前考勤，课后考核
课中	新课导入（8分钟）	对自身角色和行为的初步思考	1. 教师引导学生观看 PPT 中的不同职业所代表的角色图片 2. 教师提出以下引导性问题： （1）学生在生活中有哪些身份（角色） （2）学生对自己各个角色的行为进行评价 3. 学生思考回答问题，完成课本第 13 页图，从而导入本课	图片 PPT/ 互动式教学法	1. 图片展示能更好地引导学生思考角色 2. 在图中填空，了解自己的角色身份
课中	新课教学（15分钟）	一、认识角色 1. 我是公民 2. 我是学生 3. 我是职场人	1. 教师引导学生根据课前所采集到的数据，分小组汇报课前所记录的职业角色 2. 联系课本第 14 页的图，引入《想工作的“大学生”VS 想上学的“职场人”》小短片 3. 引导学生思考学生和职场人的最大区别是什么	PPT 图表 视频/ 问题引导法	通过小组汇报不同职业角色的异同，锻炼学生的语言表达能力，引发大家对角色的思考

续表

教学环节（时间）		学习内容	师生活动	教学手段/教学方法	设计意图
课中	新课教学二（15分钟）	二、管理角色 （一）明确角色定位	1. 教师组织学生观看马云的演讲《唐僧团队能成事》 2. 学生分小组讨论《西游记》中师徒四人西天取经成功的原因，分析他们各自的角色定位，小组代表将结果张贴在白板上，并做汇报 3. 教师和大家共同总结：唐僧领导团队，是德者；孙悟空攻克难关，是能者；猪八戒出谋划策，是智者；沙僧执行有力，是劳者 4. 教师追问：如果团队角色互换，取经还会顺利展开吗	PPT 彩色纸条 粗头笔 视频/ 互动式教学法 案例教学法 小组讨论教学法	通过分析唐僧团队，让学生们从中分析和总结角色定位，让学生理解管理角色的第一步是弄清楚“我是谁”，突出本次课重点
课中	新课教学三（10分钟）	（二）遵守角色要求	1. 教师引导学生思考师徒四人需要遵守哪些要求，包括自己对角色的要求、角色对自己的要求。小组代表将讨论结果张贴于黑板上，并做汇报 2. 教师引导学生总结遵守角色的要求： （1）需要摆正心态，接受角色差异 （2）不以个人意愿而改变，完成好角色职责内的事务，实现角色价值，达到共同发展的目的 （3）接受角色差异，遵守角色要求，不随意越界	PPT 磁性白板 彩色纸条 磁铁 白纸/ 互动式教学法 小组讨论教学法	1. 本次任务实施采用学生练、同学查、小组议、教师导等方式强化过程控制 2. 通过小组合作，锻炼学生的团队协作能力、信息收集与处理能力和理解与表达能力

续表

教学环节（时间）		学习内容	师生活动	教学手段/教学方法	设计意图
课中	新课教学四（20分钟）	（三）承担角色责任 1. 承担完成角色任务的责任 2. 承担没有完成角色任务的责任	1. 教师引导学生分析《西游记》中的故事：孙悟空、猪八戒、沙僧三打白骨精时，孙悟空明明知道会被唐僧念紧箍咒还是坚持要打死白骨精，唐僧被抓时三番五次去救，自己打不过就去找帮手来救 2. 学生分组讨论分析三人在与白骨精对峙时，分别做了什么，没做什么，各自承担了什么结果 3. 学生抢答，小组代表陈述，限时 1 分钟 4. 老师根据学生的分享情况，引导学生理解无论主观是否愿意，都应该承担相应的角色责任	PPT 案例/ 互动式教学法 案例分析法 小组讨论 教学法 情境教学法	1. 通过情景教学和体验，培养学生解决问题的能力 2. 通过案例分析、头脑风暴和信息共享，提高学生解决问题的能力
课中	课堂评价（10分钟）	学生自评 组间互评 老师点评	1. 请学生填写自我评价表，对自己本次课堂的学习进行评价总结 2. 请小组讨论除本组外团队配合得最好的两个小组，派出代表在团队合作项目上贴上“笑脸”，然后进行小组间点评 3. 教师点评，在课堂表现项上给表现最好的两组贴上“笑脸”，结合之前的任务完成情况算出总分，公布本次课获胜小组，颁发小礼品奖励	评价表 “笑脸”贴纸 粗头笔 小礼品/ 互动式教学法	评价贯穿整个教学过程，从不同的评价主体、不同的评价维度上进行多元化考核，促进学生提升通用职业素质
课中	课堂小结（10分钟）	对本次课主要知识点的梳理	1. 对比学生角色和职场人角色的不同，分析特定社会角色的要求 2. 分析《西游记》中师徒四人取经的故事，了解各自在取经路上扮演了什么角色，突出“我是谁”“我应该做什么” 3. 讨论、分析《西游记》中三打白骨精的故事，得出承担完成角色任务的责任及承担没有完成角色任务的责任，突出“我做到了什么”	PPT/ 问题引导法 讲授法	帮助学生系统归纳知识，加深印象

续表

<table>
<tr><th colspan="2">教学环节
(时间)</th><th>学习内容</th><th>师生活动</th><th>教学手段/
教学方法</th><th>设计意图</th></tr>
<tr><td>课后</td><td>辅导与答疑</td><td>作业与拓展</td><td>1. 学生根据课本第 18 页的知识拓展采访一位身边的职业人，完成职业人采访记录表格，发到班级微信群
2. 教师引导学生在微信群里讨论采访活动的收获
3. 教师引导学生参加“青年志愿者大队”活动，体验不同的社会角色</td><td>微信群/
互动式教学法</td><td>1. 鼓励学生主动了解社会中的各类角色
2. 锻炼学生与人交往的能力和语言表达能力</td></tr>
<tr><td colspan="6">五、学业评价</td></tr>
</table>

本课的学业评价分为学生自评、小组互评和教师点评。学习任务按照组长负责、角色分工的模式实施

（一）学生自评

学生评价主要从安全意识、团队合作、讨论交流、岗位履职以及解决问题的角度实施，锻炼学生的岗位意识，培养他们的通用职业素质

操作方法：教师发放如下自评表，学生根据自己本课的学习表现进行自评

自评表

评价指标	评价要素	分值分配	得分
团队合作	小组成员合作按时完成任务	15	
有效学习	能根据教师的引导，采用小组讨论、查阅资料等方式自主完成活动任务	10	
问题解决	能有效利用教学视频资料、文件及网络等查找到有效信息并自主解决问题	10	
	能用自己的语言有条理地去解释、表述所学知识	10	
讨论交流	与教师、小组同学能够保持多向、丰富、适宜的信息交流	15	
学习效果	能够根据教师的引导，阐述角色管理的重要性	10	
	能根据教师的引导，小组合作完成活动任务	10	
	根据规范要求，独立完成自我评价	10	
	根据教师的要求，能够展示汇报活动成果	10	
合计		100	

续表

（二）小组互评

教师展示课堂评价表，请各小组进行组内讨论，针对任务完成、抢答、团队合作三项对其他各组进行评价，挑选出本组以外的其他两个优秀小组，派代表在相应栏中贴上“笑脸”或“红花”。任务完成、抢答贴上“笑脸”，计 2 分。团队合作贴“红花”，计 3 分

课堂评价表

小组名	任务完成	抢答	团队合作	课堂表现	总分

（三）教师评价

在课堂表现项目上给表现最好的两组贴上“笑脸”（一张“笑脸”值 2 分），结合之前的任务完成情况算出总分，公布本次课获胜小组

第二单元　时间与计划

第一课　走近时间管理教学设计 3

教学单元/课	第二单元　时间与计划 第一课　走近时间管理（1）	课时	2 课时
教学内容	探索时间管理奥秘；时间管理障碍		
教学对象	授课专业	授课班级	学生人数
	机电专业	3+3 年制 高级班 中级阶段	40 人
学情分析	授课班级学生好奇心强，活泼好动，有自我表现和自我实现的需求。因此，本节课采用“以学生为主体，以教师为主导”的双主教学模式，通过故事、案例、视频、学习活动等形式，辅以彩色卡纸、实物等教具，让学生体验时间管理的重要性		
一、教学目标			
了解时间管理的概念，理解时间管理的重要性；能梳理出自己的时间管理障碍，初步制订解决方案。激发学生对时间管理的兴趣，使之愿意进一步探究时间管理的方法；培养良好的时间管理意识			
二、重难点分析			
重点：时间管理的重要性 重点突破策略：通过活动体验、撕纸游戏、案例分析，让学生感受并体验到“时间一去不复返”，明确时间管理的重要性和必要性 难点：归纳自己的时间管理障碍 难点化解策略：通过案例分析、数据参考、小组头脑风暴、制作思维导图等方法，帮助学生查找、归纳时间管理方面的不足，并制定解决措施			

续表

三、学习资源

教室配备多媒体设备，方便课堂教学。学生使用手机微信进行课前学习及课中答题互动等。学生分组就座，以小组形式开展团队协作，参与游戏或共同完成任务。具体所需的学习资源如下：

1. 多媒体教室及教学设备：电脑、投影仪、手机、白板、彩色卡纸、白板笔等
2. 信息化教学资源：PPT、多媒体、微信群等
3. 教材、评价表、作业表单等

四、教学实施过程

教学环节（时间）		学习内容	师生活动	教学手段/教学方法	设计意图
课前	翻转课堂	了解学生对时间、时间管理及有效利用时间的认知情况	1. 教师在微信班级群中发放调查问卷（见附件 1），要求学生认真填写 2. 教师统计结果并总结，作为课堂教学的参考资料	微信群/体验式教学法	提前进行问卷调查，引起学生对时间的关注，为后续课堂教学做铺垫
课中	组织教学（3 分钟）	考勤及问候	师生互相问候，学生签到，班长汇报请假名单并填到课堂考勤表中	—	严格学生考勤制度，并对学生安全负责
课中	新课导入（7 分钟）	1. 谜语竞猜 2. 歌曲欣赏	1. 播放《明日歌》视频（见资源库）引导语“明日真的很多吗?” 2. 世界上有一家奇怪的银行，它给每个人都开了个账户，每天都往大家的账户上存入同样数目的资金，让你当天用完，不准预支和超支。如果用不完第二天就自行作废。请问：“这家银行每天给我们存入的到底是什么?” 回答：“是时间。”顺势导入本节课主题和目标，并介绍主要内容	PPT 视频/演示教学法 游戏教学法	用谜语激发学生兴趣，聚焦对“时间”的思考。视频中的伴舞是人工智能机器人，激发学生的专业兴趣并引发对时间的思考
课中	新课教学一（15 分钟）	一、探索时间管理奥秘 （一）揭秘时间	1. 活动体验：师生共同聆听时钟的声音 1 分钟 思考：时间是什么 感觉时间似乎看不见摸不着	带声音的秒表/体验式教学法	让学生在“时间的脚步”中感受时间并思考

续表

教学环节（时间）		学习内容	师生活动	教学手段/教学方法	设计意图
课中	新课教学一（15分钟）	一、探索时间管理奥秘 （一）揭秘时间	2. 感知时间：1分钟能干什么？ 计时1分钟，各小组完成以下任务，结束后各小组分享结果 第一组：分别在白纸上写字并统计字数 第二组：分别朗读课本上的24~26页文字并统计字数 第三组：原地蛙跳并统计数量 第四组：分别数自己的脉搏并记录 思考：课堂之外，1分钟还能干什么	PPT 计时器/ 体验式教学法 游戏教学法 小组讨论 教学法	本活动让学生体会并思考时间的内涵
			3. 时间概念 两个“1分钟”体验后总结“时间概念” 指导语：时间似乎是看不见摸不着的，但又实实在在存在于日常生活中，所以要和时间做朋友——珍惜时间	PPT/ 问答教学法 体验式教学法	突出时间是与事物运动或发展联系在一起的，即与做事有关系
			4. 撕纸游戏 在老师指导下，让学生做课本第25页游戏，体验自己还有多少时间 指导语：时间不会延长，但会增加宽度和厚度，这需要有效管理时间。在有限的时间内要做有意义的事情	彩色纸条 PPT/ 互动教学法 体验式教学法	承上启下，引出时间管理

续表

教学环节（时间）		学习内容	师生活动	教学手段/教学方法	设计意图
课中	新课教学二（20分钟）	（二）什么是时间管理	1. 思考问题 开放式提问：对于学生、医生、军人、农民、工人来说，时间分别是什么 答案：对于学生来说，时间就是知识；对于医生来说，时间就是生命；对于军人来说，时间就是胜利；对于农民来说，时间就是粮食；对于工人来说，时间就是产品	PPT 手机/ 问答式教学法	从各种职业对比中引导学生思考时间是产生效益的，为后面内容做铺垫
			2. 时间管理 （1）教师讲解时间管理的含义 （2）小组讨论： 银行向你的账号拨款8.64万元（与开场的谜语对应），只能当天消费，不可以储蓄，不可以投资，不可以送人，可以随便花，随意购买东西。你会如何花让这些钱更有价值 小组讨论后发言 指导语：最好的做法是把钱全部花完买最该买的东西。由此类推，时间管理就是充分利用时间而不是浪费，做最该做的事情	PPT 评价表/ 案例教学法 小组讨论教学法	让学生通过讨论认识到：时间管理不会延长时间，只能有效使用，提高价值。时间管理的本质就是管理自己
			3. 珍惜时间 问："刚才过去的2分钟时间还能找回来吗？" 答："不能找回来！" 时间一去不复返！那就要珍惜时间 各小组随机抽取任务，讨论（可以利用手机上网查）后分享 任务一：写出五个关于时间的名言警句 任务二：写出三首关于时间的古诗词 任务三：讲一个关于时间的名人故事 任务四：讲一个关于时间的寓言故事	PPT 手机/ 问答式教学法 任务教学法 小组讨论教学法	名人名言佐证时间管理的重要性，激发学生珍惜时间

续表

教学环节（时间）		学习内容	师生活动	教学手段/教学方法	设计意图
课中	新课教学二（20分钟）	（二）什么是时间管理	4. 小测试——你有效管理时间了吗 背景音乐：《时间都去哪儿了》 让学生做课本第26页内容。自我测试，组内交流 指导语：时间是一个人生命长度的量度，也是一个人生命质量的维度。时间都去哪儿？最终需要确定："时间该去哪儿？"	PPT 课本/ 游戏教学法 小组讨论教学法	音乐营造氛围，放松心情。通过测试，让学生认识到时间需要管理。引出下一个教学内容
课中	新课教学三（25分钟）	二、时间管理障碍	1. 分析案例 阅读案例（见附件2），各小组讨论造成张小乐、陈超、魏雪曼效率低下的原因，并反思自己是否存在类似情况 根据小组发言，教师引导，总结出时间管理障碍：（1）目标不明，主次不分；（2）易受外界干扰；（3）做事拖延	PPT 彩色卡纸/ 讲授法 小组讨论教学法 案例教学法	案例让学生初步了解造成时间管理障碍的常见原因有哪些，从而反思自己存在的障碍
			2. 头脑风暴 让学生们就时间管理障碍展开思考，在彩色卡纸上快速写出有可能造成时间管理障碍的原因 老师收集卡纸并张贴在白板上，以备后用	PPT 彩色卡纸/ 头脑风暴法	广开言路，寻找时间管理的各种障碍
			3. 原因参考 学生在学习时，不能有效管理时间的原因可能有：（1）学习目的不明确；（2）对学习缺乏兴趣；（3）听不懂，学不会；（4）作息不规律，学习时无法集中精力；（5）沉迷于网络世界；（6）对学习环境不满意	PPT/ 讲授法	陈述数据，引导学生思考时间管理障碍的更多原因，供学生画自己时间管理障碍导图

续表

教学环节（时间）		学习内容	师生活动	教学手段/教学方法	设计意图
课中	新课教学三（25分钟）	二、时间管理障碍	4. 思维导图 （1）每位学生列出自己时间管理障碍的原因，并练习画出思维导图 （2）根据原因，简单制定出解决办法 （3）小组内展示，相互提建议并修改 （4）每个小组派出一名代表分享	彩色卡纸 A4白纸/ 小组讨论教学法 互动教学法	学生通过思维导图，梳理自己时间管理的障碍，为后续课程打下基础
			5. 集体朗诵：《今日歌》 今日复今日，今日何其少 今日又不为，此事何时了 人生百年几今日，今日不为真可惜 若言姑待明朝至，明朝又有明朝事 为君聊赋今日诗，努力请从今日始	PPT/ 互动教学法	与开场《明日歌》呼应，集体朗诵产生仪式感，学生对自己承诺时间管理从今日开始
课中	评价（10分钟）	学生自评 组内互评 教师评价	1. 学生评价课堂内容：学生填写“本课内容评价反馈表” 2. 学生填写“学生课堂学习评价量化表”中的自评项 3. 组内互评，填写量化表中的组评项 4. 教师点评，教师对学生整体课堂表现点评，并填写量化表中的师评项。点评各小组表现并提建议和要求	反馈表 量化表/ 交际教学法 小组讨论教学法	提升学生对课堂知识的总结提炼能力，使之能自我认知、自我评价和自我表达
	小结（6分钟）	本节课内容回顾总结	总结本节课知识点： 1. 揭秘时间管理：什么是时间和时间管理 2. 时间管理障碍	彩色卡纸/ 互动教学法	训练学生归纳总结能力，建立结构化思维模式

续表

教学环节（时间）		学习内容	师生活动	教学手段/教学方法	设计意图
课中	布置作业（4分钟）	运用课堂知识，去生活中验证并修正	学生体会并记录自己一周内，课堂学习期间的时间管理障碍现象，并计算还能“抢救多少时间”	作业表单（见附件3）	学生实际体验时间管理障碍，为下节课打基础
课后	作业辅导	交流答疑	学生做作业或实践课程相关内容，教师引导、交流	微信群或晚自习辅导答疑	增进师生感情，鼓励学生学以致用

五、学业评价

1. 本课的学业评价将学生效果评价和学习行为评价相结合，“本课内容评价反馈表”是学生对本节课学习效果的评价，也是教师进行教学反思的主要依据，下次上课教师重点解决学生不理解的内容

2. “学生课堂学习评价量化表”对学生课堂表现进行自评、组内互评、老师评价等，重在培养学生遵守规则意识、团队意识，养成良好的学习习惯

本课内容评价反馈表

班级：________ 姓名：________ 日期：________

课堂内容	学生评价				
	我喜欢的	我不喜欢的	我理解的	我不理解的	我的建议
《明日歌》视频					
猜谜语					
聆听时间的脚步					
1分钟能干什么					
时间概念					
撕纸游戏					
时间管理					
珍惜时间——名人名言和故事					
筹谋划策——少年的烦恼					
头脑风暴					
思维导图					
集体朗诵《今日歌》					

续表

<table>
<tr><th colspan="7">学生课堂学习评价量化表</th></tr>
<tr><td colspan="2">姓名</td><td>班级</td><td></td><td>学科</td><td colspan="2">日期</td></tr>
<tr><td colspan="2" rowspan="2">评价目标</td><td rowspan="2">评价标准</td><td rowspan="2">权重</td><td colspan="3">得分</td></tr>
<tr><td>自评</td><td>组评</td><td>师评</td></tr>
<tr><td colspan="2" rowspan="2">学习态度</td><td>善于发现别人的长处，尊重他人</td><td>10</td><td></td><td></td><td></td></tr>
<tr><td>回答问题时的仪表仪态、语气语速、口头表达能力</td><td>10</td><td></td><td></td><td></td></tr>
<tr><td rowspan="6">学习能力</td><td rowspan="3">发现问题</td><td>能主动向老师请教问题</td><td>10</td><td></td><td></td><td></td></tr>
<tr><td>主动观察和思考，并能提出有创意的问题</td><td>10</td><td></td><td></td><td></td></tr>
<tr><td>积极思考，主动回答问题</td><td>10</td><td></td><td></td><td></td></tr>
<tr><td rowspan="3">探究问题</td><td>在课堂上敢于质疑或对某些结论敢于提出否定意见</td><td>10</td><td></td><td></td><td></td></tr>
<tr><td>有“金点子”：有较深刻的看法并被采纳和实施</td><td>10</td><td></td><td></td><td></td></tr>
<tr><td>有“金钥匙”：有化难为易、事半功倍的好办法被采纳</td><td>10</td><td></td><td></td><td></td></tr>
<tr><td colspan="2" rowspan="2">学习方法</td><td>与老师的双向交流情况</td><td>10</td><td></td><td></td><td></td></tr>
<tr><td>在组内讨论、做任务等的表现</td><td>10</td><td></td><td></td><td></td></tr>
<tr><td colspan="2">总分</td><td></td><td>100</td><td></td><td></td><td></td></tr>
<tr><td colspan="7">说明：总分=自评+组评+师评，其中自评占总分的20%，组评占总分的40%，师评占总分的40%</td></tr>
</table>

附　件　1

学生在校时间管理现状调查问卷

同学：

你好！首先感谢你参与本次问卷调查。该问卷叙述的是你对时间的看法以及对时间的利用情况。每道题的选项分为五个等级，请你仔细阅读并根据自己的实际情况回答。

问卷采用无记名形式，答案也无对错之分，调研结果仅用于课堂教学，请你如实填写，不要有顾虑，谢谢你的配合。

请注意：①每道题只能选一个等级；②请不要漏掉任何题目；③本测验不计时

1. 我认为时间是一个人最宝贵的财富。[单选题]

○完全不符合

○不太符合

○不确定

○比较符合

○完全符合

2. 无论做什么事情，我首要考虑的是时间因素。[单选题]

○完全不符合

○不太符合

○不确定

○比较符合

○完全符合

3. 我认为管理好时间有很重要的意义。[单选题]

○完全不符合

○不太符合

○不确定

○比较符合

○完全符合

4. 我总是当日事当日毕。[单选题]

○完全不符合

○不太符合

○不确定

○比较符合

○完全符合

5. 今天的事我不喜欢拖到明天或以后再做。[单选题]

○完全不符合

○不太符合

○不确定

○比较符合

○完全符合

6. 新学期开始之时，我通常要制订本学期的学习计划。[单选题]

○完全不符合

○不太符合

○不确定

○比较符合

○完全符合

7. 我会根据目标完成情况来适时调整自己的计划。[单选题]

○完全不符合

○不太符合

○不确定

○比较符合

○完全符合

8. 我经常对自己利用时间的情况进行总结。[单选题]

○完全不符合

○不太符合

○不确定

○比较符合

○完全符合

9. 周一至周五，您在哪些活动上花费的时间比较多？（可多选）[多选题]

○学习（包括看书、完成作业、查阅学习资料等）

○游戏（网游、手机游戏等）

○购物、逛街

○看电视节目、电影等

○听音乐

○社交（聊天、聚会等）

○外出郊游

○运动（跑步、打球等）

○社团活动

○无所事事，不知该做什么

○其他（请说明）________________

10. 只要我静下心来做事，外界的噪声干扰不了我。[单选题]

○完全不符合

○不太符合

○不确定

○比较符合

○完全符合

11. 我是一个玩的时候能尽兴、学习的时候也能静下心学习的人。[单选题]

○完全不符合

○不太符合

○不确定

○比较符合

○完全符合

12. 我常常整理我的书桌，以便能快速找到需要的东西。[单选题]

○完全不符合

○不太符合

○不确定

○比较符合

○完全符合

13. 我对自己即将要做的事情总有明确的目标。[单选题]

○完全不符合

○不太符合

○不确定

○比较符合

○完全符合

14. 如果有几件事要同时做，我经常衡量它们的重要性后再安排时间。[单选题]

○完全不符合

○不太符合

○不确定

○比较符合

○完全符合

15. 我通常根据学习任务的重要性来安排学习的先后次序。[单选题]

○完全不符合

○不太符合

○不确定

○比较符合

○完全符合

16. 我总是把作业拖到最后一刻才做。[单选题]

○完全不符合

○不太符合

○不确定

○比较符合

○完全符合

17. 无论做什么事情我总是既有短期安排又有长期计划。[单选题]

○完全不符合

○不太符合

○不确定

○比较符合

○完全符合

18. 我经常会反思自己时间管理的效果，然后进一步调整，希望运用更有效的时间管理方法。[单选题]

○完全不符合

○不太符合

○不确定

○比较符合

○完全符合

19. 在自身的时间管理方面，你希望学校或老师给你什么建议，或为你做些什么？

附　件　2

少年的烦恼

1. 张小乐每天晚上回家需要完成作业，但是一坐在书桌前，不是找不到笔就是找不到本子，或者找不到课本或试卷。妈妈还发现他不停地出来去厕所，或者到厨房找零食，经常 1 小时过去了，作业还没写多少。小乐很苦恼，不知怎么办。

2. 陈超听说睡觉前一小时是一天中记忆最好的时候，于是想利用这段时间背语文课文或英语单词，但陈超每到这个时候就犯困，有时候硬撑着去背英语单词，结果第二天总犯困，成绩反而下降了。

3. 魏雪曼每天回家后，先打开电脑，上网聊天，看朋友圈，玩网络游戏，刷抖音。“一不小心”时间就过去了，该做的作业不能按时完成。

附　件　3

作业表单一：课堂学习期间“时间管理障碍”现象一览表

现象（花费在以下活动上的时间过长）	有或没有	如何克服
聊天		
睡觉		
玩手机		
为偶像分心		
耽于空想		
梳妆打扮		

作业表单二：看看能“抢救”出多少时间

活动	每天花在该活动的时间	每周花在该活动的时间	可节省的时间
睡觉			
洗漱			
吃饭			
上学、放学			
看电视			
上网			
运动			
其他			

第一课　走近时间管理教学设计 4

<table>
<tr><td>教学单元/课</td><td>第二单元　时间与计划
第一课　走近时间管理（2）</td><td>课时</td><td>2 课时</td></tr>
<tr><td>教学内容</td><td colspan="3">学会时间管理；活动体验</td></tr>
<tr><td rowspan="2">教学对象</td><td>授课专业</td><td>授课班级</td><td>学生人数</td></tr>
<tr><td>会计专业</td><td>五年制高级班
中级阶段</td><td>45</td></tr>
<tr><td>学情分析</td><td colspan="3">授课班级具有技校学生的典型特点，他们好奇心强，活泼好动，但是自我学习能力较差，缺乏信息搜索和整合能力。根据学生的学习能力，建议采用“以学生为主体，以教师为主导”的双主教学模式，结合互动学习活动，让学生们在体验中掌握时间管理方法</td></tr>
<tr><td colspan="4">一、教学目标</td></tr>
<tr><td colspan="4">掌握时间管理方法，提高学习、工作和处理生活事务的效率，养成科学管理时间的习惯。学会向时间要效益，提高学习和生活的积极性和主动性</td></tr>
<tr><td colspan="4">二、重难点分析</td></tr>
<tr><td colspan="4">重点：时间管理三步骤
重点突破策略：主要通过信息化手段，设置相关小游戏和小任务，让学生从活动中体验和掌握时间管理方法
难点：四象限排序法
难点化解策略：拟采用教师演绎的微课化解教学难点，利用教学平台和微信群发布微课视频，进行翻转课堂教学。请学生扫码观看后，完成针对知识点的小测试，检验学习效果。老师查看后台数据，了解学生对知识的掌握情况，调整教学内容。结合小测试考核和自评表加分等奖励机制，保证学生自主参与</td></tr>
<tr><td colspan="4">三、学习资源</td></tr>
<tr><td colspan="4">打造线上线下混合教学模式，教室应配备多媒体及互联网设备，方便课堂教学。同时，学生需要使用手机进行课前微课学习及学习检测，课中答题互动等。学生以小组形式进行团队协作参与游戏或共同完成任务，所以需分组就座。具体所需的学习资源如下：
1. 教学平台：互动学习平台
2. 多媒体教室及教学设备：电脑、投影仪、麦克风、手机、网络、白板等
3. 信息化教学资源：PPT、视频、微课、线上测试及微信群等
4. 教材及评价表等</td></tr>
</table>

续表

四、教学实施过程					
教学环节（时间）		学习内容	师生活动	教学手段/教学方法	设计意图
课前	翻转课堂（课前一周）	微课视频；四象限排序法及练习；《自我时间诊断》	1. 教师在微信班级群中发放二维码及微课《小林的一天》（见附件1）。学生扫码观看学习微课 2. 老师发布检测微课学习效果的小测二维码（见附件1）。学生扫码完成微课学习效果检测题（见附件2） 3. 老师布置课前小任务：请学生记录下自己一天的时间使用情况，完成教材31～32页“自我时间诊断”	微信群 互动平台 微课视频/ 演示教学法 体验学习法	进行翻转课堂教学，锻炼学生的自主学习能力。课前任务让学生了解自身时间使用情况，为课堂教学做准备
课中	组织教学（2分钟）	考勤及问候	教师利用互动学习平台发放动态二维码考勤 学生扫码签到，汇报请假名单	互动平台	课前考勤，对学生安全负责
课中	导入（5分钟）	观看《罐子魔法》	结合课文，播放微视频《罐子魔法》。老师适当停顿，提出引导性问题：还能塞下鹅卵石吗？还能塞下碎石子吗？还能倒进沙子吗？满了吗？就时间管理而言，大石头和沙子分别代表什么样的时间？引导学生思考回答问题，导入本课	微视频 PPT/ 演示教学法 互动式教学法	视频展示直观明了，唤起学生学习兴趣，明确学习目标

续表

教学环节（时间）		学习内容	师生活动	教学手段/教学方法	设计意图
课中	新课讲授及互动教学（50分钟）	时间管理步骤一 分析诊断时间，消除时间浪费（15分钟）	1. 教师让学生根据课前完成的小任务“自我时间诊断”，分析诊断自己的时间，明确分析诊断时间的两个目的 2. 开展头脑风暴小游戏：时间浪费侦察兵。小组合作在彩色纸条上写下时间浪费现象（一张纸写一个时间浪费现象，组内不能重复，限时2分钟，派人上台用磁铁贴在白板上）。小组竞赛，写出最多的小组获胜 3. 活动小结：检查组内所写浪费现象有无重复，是否正确，任务评价表加分。四组相同的时间浪费现象有哪些？请每组用1分钟讨论：如何消除你们组写的时间浪费现象？然后，请代表上台用30秒陈述讨论结果。教师做小结	PPT 磁性白板 彩色纸条 粗头笔 磁铁 评价表/ 体验教学法 游戏教学法 头脑风暴法 小组教学法 互动式教学法	让学生们从自己的生活体验中分析和总结自己的时间使用状况，找出常见的时间浪费现象，并思考、讨论和分享如何消除时间浪费
课中	新课讲授及互动教学（50分钟）	时间管理步骤二 制订时间计划，合理分配时间（15分钟）	1. 教师介绍管理时间的工具：便利贴、记事本、手机备忘录等。让学生补充清单内容。清单内容各有利弊，可根据习惯和喜好选择 2. 四象限小任务：为巩固翻转课堂的学习内容，结合35页活动体验中的事情，每组分配两件事情，让小组使用四象限排序法对这两件事情进行讨论和分类，然后贴在四象限表格中对应的位置上。限时1分钟 3. 活动小结：一起核对事情的分类是否合理，正确完成加分 总结对于四类事情的处理方式：重要紧急的事情要马上做，重要不紧急的事情要计划做，紧急不重要的事情要选择做，不紧急不重要的事情不要做	PPT 磁性白板 彩色纸条 磁铁 微课 大白纸 评价表/ 互动式教学法 游戏教学法 小组讨论教学法	课前的翻转课堂节省了课堂教学时间，利用信息化手段突破教学难点 学练结合以掌握时间管理方法。通过小组合作完成任务，锻炼学生团队协作能力、信息整合能力和沟通表达能力

续表

教学环节（时间）		学习内容	师生活动	教学手段/教学方法	设计意图
课中	新课讲授及互动教学（50分钟）	时间管理步骤三 充分利用零散时间，酌情整合时间（20分钟）	1. 教师讲解什么是零散时间 2. 利用互动学习平台发布二维码，请学生扫描并分享可利用的零散时间。（见附件1） 3. 迷你情景剧：《叠叠乐》 教师提问：如何利用零散时间？如何整合时间？请每个小组在8分钟内，自设情境，合作编排一段1分钟左右的迷你情景剧：表演某人同时可以叠加做多件事情。叠加一起做的事情必须合理可行。叠加事情最多的小组获胜 4. 活动小结：整合时间的必要性和整合时间的方法	PPT 互动平台 手机/ 头脑风暴法 情境教学法 体验教学法 互动式教学法 小组讨论 教学法	1. 利用信息化教学、头脑风暴和信息共享等手段提高学生的信息处理能力 2. 利用情景教学和体验式教学培养学生的创新能力和解决问题能力
课中	课堂练习（18分钟）	活动体验	1. 开展体验活动，请学生以小组为单位合作讨论并完成35～36页活动体验中的三个问题 2. 每组派代表展示解决方法，老师根据完成情况评分	PPT/ 情境教学法 体验教学法 小组讨论 教学法	锻炼学生的表达沟通能力和解决问题的能力
课中	评价（8分钟）	学生自评 组间互评 老师点评	1. 请学生填写自我评价表，对自己本次课堂的学习进行评价总结 2. 请小组用1分钟讨论除了本组之外团队合作配合最好的两个小组，派出代表在团队合作项贴上“小红花”（值2分），并进行小组间互相点评 3. 教师点评，在课堂表现项上给表现最好的两组贴上“小红花”（值2分），结合之前的游戏、任务和情景剧完成情况算出总分，公布本次课获胜小组，颁发小礼品奖励	评价表 小红花 粗头笔 小礼品/ 互动式教学法 小组讨论 教学法	通过自评、互评复习巩固知识，加深理解。互评从客观和他人视角中发现不足，促进成长。教师点评时多鼓励学生，让他们获得成就感

续表

教学环节（时间）		学习内容	师生活动	教学手段/教学方法	设计意图
课中	小结（5分钟）	本次课的主要内容	对本课所学知识进行小结： 1. 时间管理的三步骤 2. 四象限排序法	PPT/讲授法	帮助学生系统归纳知识，加深印象
课中	作业布置（2分钟）	布置与学生专业或生活相关的作业	根据学生认知水平，以下作业可以二选一： 1. 请学生根据自己的专业，编写一份专业（或某课程）的学习时间安排表 2. 请学生写下会计从业人员可能存在的时间浪费现象以及可利用的零散时间，并说明打算如何消除时间浪费及充分利用零散时间	PPT/讲授法	让学生巩固所学，并结合专业生活实践，达到知行合一
课后	辅导与答疑	时间管理相关知识或者作业	教师辅导作业和检验学生在生活中的实践情况	互动式教学法	鼓励学生实践时间管理方法

五、学业评价

本课的学业评价是结果性评价和过程性评价相结合，分为三部分：学生自评、小组互评和教师点评

1. 教师发放自我评价表，学生先根据自己这次课的学习效果进行自评，自省其身

自评表				
班级：		姓名：		
教学环节		评价内容	参考分值	自评分值
课前	翻转课堂	是否观看了微课《小林的一天》	0分/10分	
		微课学习检测得分的10%为自评分值	0~10分	
课中	三步骤	是否能理解时间管理三步骤	0~10分	
	小游戏	能否找出时间浪费现象及消除方法	0~10分	
	小任务	能否使用四象限排序法正确区分事情	0~10分	
	情景剧	能否充分利用和整合零散时间	0~10分	
	活动体验	是否积极参与，具有团队合作精神	0~10分	
		综合运用知识，具有解决问题的能力	0~10分	
课后	实践体验	是否完成作业，实践时间管理方法	0~10分	
		是否养成时间管理意识和习惯	0~10分	
总分合计				

续表

2. 教师在开展教学活动前展示课堂评价表。在小游戏环节，各小组在规定时间内找出几个正确的时间浪费现象加几分；在小任务环节，每组分配两件事情进行讨论和分类，分类全部正确得 2 分，一半正确得 1 分，全部错误得 0 分；在情景剧环节，小组合作编排表演，一人同时叠加做多件事情，合理叠加几件事即可加几分；在评价环节展开组间互评，请小组讨论除了本组之外团队合作最好的两个小组，派代表在团队合作项贴上“小红花”（每朵花值 2 分），并进行小组间互相点评；在课堂表现项上给表现最好的两组贴上“小红花”（每朵花值 2 分）

课堂评价表

小组名	小游戏	小任务	情景剧	团队合作	课堂表现	总分
太阳组						
月亮组						
星星组						
白云组						

附　件　1

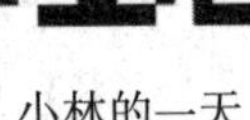
小林的一天

学习小测

可利用的零散时间

附　件　2

课前微课学习小测题目

1. 根据四象限排序法，事情可以分为哪几类？（多选）

□ 重要紧急事情

□ 重要不紧急事情

□ 紧急不重要事情

□ 不重要不紧急事情

2. 遇到危险情况需要报警，属于哪一类事情？（单选）

□ 重要紧急事情

□ 重要不紧急事情

□ 紧急不重要事情

□ 不重要不紧急事情

3. 想要考证或提升学历，属于哪一类事情？（单选）

□ 重要紧急事情

□ 重要不紧急事情

□ 紧急不重要事情

□ 不重要不紧急事情

4. 无聊时玩一下手机游戏，属于哪一类事情？（单选）

□ 重要紧急事情

□ 重要不紧急事情

□ 紧急不重要事情

□ 不重要不紧急事情

5. 哪一类事情可以尽量授权别人去做？（单选）

□ 重要紧急事情

□ 重要不紧急事情

□ 紧急不重要事情

□ 不重要不紧急事情

第二课　做好计划管理教学设计 5

<table>
<tr><td>教学单元/课</td><td>第二单元　时间与计划
第二课　做好计划管理</td><td>课时</td><td>2 课时</td></tr>
<tr><td>教学内容</td><td colspan="3">初识计划管理；计划的制订及实施；活动体验</td></tr>
<tr><td rowspan="2">教学对象</td><td>授课专业</td><td>授课班级</td><td>学生人数</td></tr>
<tr><td>幼儿教育专业</td><td>五年制高级班
中级阶段
幼师 1951 班</td><td>40</td></tr>
<tr><td>学情分析</td><td colspan="3">授课班级为幼儿教育专业学生，她们的特点是好奇心强且活泼，有较强的自我学习能力、自我约束能力和执行能力，但缺乏主动搜索、整理知识的能力，需要教师引导。根据学生的学习能力，建议采用“以学生为主体，以教师为主导”的双主教学模式，结合互动学习活动，让学生们体验并掌握时间管理的方法</td></tr>
<tr><td colspan="4">一、教学目标</td></tr>
<tr><td colspan="4">理解计划的重要性；掌握计划管理的优先级划分；学会根据实际需求制订计划，树立“预则立，不预则废”的计划意识，提升计划管理能力，增强对生活的自控力</td></tr>
<tr><td colspan="4">二、重难点分析</td></tr>
<tr><td colspan="4">重点：计划编制的步骤
重点突破策略：通过分组教学并开展竞赛的方式，帮助学生了解计划编制的步骤
难点：利用“5W1H”引导学生制订具体计划和进行可行性分析
难点化解策略：采取分组教学的方式，安排小任务，小组合作完成任务，组内合作，组间竞争，用学生乐于接受的方式突破难点</td></tr>
<tr><td colspan="4">三、学习资源</td></tr>
<tr><td colspan="4">本课运用了多种教学方法，以达到活跃课堂的效果。需要用到的教学资源如下：
1. 多媒体教学设备：电脑、投影仪、麦克风、手机、网络、白板等
2. 教学资源：白纸（全开）、色卡纸（15 cm×20 cm）、水笔、磁扣、奖励卡
3. 信息化资源：PPT、微视频、微信等
4. 教学平台：互动学习平台
5. 教材及评价表等</td></tr>
</table>

续表

四、教学实施过程					
教学环节（时间）		学习内容	师生活动	教学手段/教学方法	设计意图
课前	翻转课堂（课前一周）	1. 教材39页的5个问题 2.《小妍的学笛经历》微视频	1. 学生在互动学习平台回答5个问题 2. 老师在后台整理同学们的回答并分类汇总 3. 学生观看微视频，了解小妍的学笛经历	微信群 互动学习平台 微视频/ 演示教学法 体验学习法	锻炼学生自主学习能力，教师能了解学生的预习情况，激发学生学习兴趣
课前	分组（课前一天）	将40个学生分为4组	每组确定组长1名、发言人1名、宣传员1名（负责活动拍照）、成员7名	小组教学法	有助于顺利开展教学活动
课中	组织教学（1分钟）	考勤	教师利用互动学习平台记录考勤	互动学习平台	课前考勤，对学生安全负责
课中	导入（10分钟）	活动一 讲解课前5个问题的汇总情况	课前汇总5个问题的回答情况。课上公布汇总情况。有兴趣爱好加1分，为了兴趣爱好付出具体行动加1分，坚持兴趣爱好1年以上加2分，并计入小组总分	互动学习平台 / 小组教学法	活动激发学生兴趣，初步认识计划管理的重要性
课中	新课讲授及互动教学（20分钟）	活动二 计划的分类/计划优先级	1. 教师引导学生结合教材内容和课前的短视频开展讨论 2. 各组将短视频中包含的计划种类写在色卡纸上，贴到白板上 3. 学生对视频中出现的计划进行优先级分类并写在色卡纸上，贴在白板上 4. 开展互评活动，同学们可以对其他组的情况进行评价，指出对方贴纸的错误，评价对了计1分，对方相应扣1分，错了自己扣1分。教师根据知识点进行小结，对于第2项贴纸内容每符合一条计1分，对于第3项分类正确计2分	PPT 磁性白板 彩色纸条 粗头笔 磁铁 评价表/ 自主学习法 互动式教学法 游戏教学法	通过小组完成自学任务，教师引导学生通过小组讨论、组间互动的方式学习计划管理的分类、优先级的内容

续表

教学环节（时间）		学习内容	师生活动	教学手段/教学方法	设计意图
课中	新课讲授及任务教学（40分钟）	活动三 计划的制订过程（明确目标、前情分析、制订方案、可行性分析、确定计划）	1. 教师布置任务：假如你是小妍，根据你自身情况你会如何制订计划？（不一定是竹笛，可以是美术、钢琴、书法等） 2. 组织学生开展讨论，用“5W1H”进行分析，集合组内成员的智慧，制订出一套切实可行的计划，写在大白纸上展示。以上2项共用时30分钟 3. 活动小结：各组发言人上台用2分钟时间讲解本组的设计思路及可行性 4. 教师用2分钟对活动进行总结	PPT 磁性白板 彩色纸条 磁铁 微课 大白纸 评价表/ 任务驱动教学法 互动式教学法 小组讨论教学法 游戏教学法	情景创设帮助学生制订具体的计划。学生了解计划编制的步骤，学会利用“5W1H”制订计划
课中	新课巩固及评价（12分钟）	课堂评价	1. 小游戏“大家来找错”：各组成员可针对其他组的具体计划根据计划步骤和可行性分析找错误，指出的错误确实存在的计1分。（8分钟） 2. 各组成员讨论出除本组以外最优秀的组，组长将唯一一张3分奖励卡贴到该组评价表相应位置处 3. 教师进行简单小结 2~3项共4分钟 4. 学生填写“自我评价表”（课后在互动学习平台上填写）	PPT 互动学习平台 手机 奖励卡 磁铁 评级表/ 互动式教学法 游戏教学法 小组讨论教学法	通过组间互评和教师点评，巩固知识点
课中	小结（5分钟）	本次课的主要内容	对本课所学知识进行小结： 1. 计划管理的重要性及计划的分类 2. 计划的优先级 3. 计划的制订 4. 对课堂中获得分数最高的小组进行终极奖励，其他组一般性奖励	PPT 礼品/ 讲授法	帮助学生系统归纳知识，加深印象。同时激励学生更好地参与课堂活动

续表

<table>
<tr><td colspan="2">教学环节（时间）</td><td>学习内容</td><td>师生活动</td><td>教学手段/教学方法</td><td>设计意图</td></tr>
<tr><td>课中</td><td>作业布置（2分钟）</td><td>布置与学生专业或生活相关的作业</td><td>根据学生认知水平，完成以下作业：
用两周的时间完成教材46页的活动体验，并以小组为单位撰写活动报告，要求写明每位组员的参与情况</td><td>PPT/讲授法</td><td>学生巩固所学知识和方法，并能够指导生活实践，达到知行合一</td></tr>
<tr><td>课后</td><td>辅导答疑</td><td>计划管理相关知识或者作业</td><td>教师辅导作业并与学生交流在生活中的实践情况</td><td>互动式教学法</td><td>鼓励学生进行社会实践</td></tr>
<tr><td colspan="6">五、学业评价</td></tr>
<tr><td colspan="6">本课的学业评价是结果性评价和过程性评价的结合，分为学生自评、小组互评和教师点评
1. 教师在互动学习平台上发布自评表，学生先根据自身情况及学习效果进行自评</td></tr>
</table>

自评表

<table>
<tr><td colspan="3">班级：</td><td colspan="5">姓名：</td></tr>
<tr><td colspan="2" rowspan="2">评价项目</td><td rowspan="2">评价内容</td><td colspan="5">评价结果</td></tr>
<tr><td>A
（9~10分）</td><td>B
（7~8分）</td><td>C
（5~6分）</td><td>D
（0~4分）</td><td>得分</td></tr>
<tr><td rowspan="5">个人自评（50）</td><td rowspan="5">学习任务</td><td>课前完成5个问题</td><td></td><td></td><td></td><td></td><td></td></tr>
<tr><td>认真观看微视频</td><td></td><td></td><td></td><td></td><td></td></tr>
<tr><td>了解计划管理重要性和分类</td><td></td><td></td><td></td><td></td><td></td></tr>
<tr><td>了解计划的优先级</td><td></td><td></td><td></td><td></td><td></td></tr>
<tr><td>能够独立制订计划</td><td></td><td></td><td></td><td></td><td></td></tr>
<tr><td rowspan="5">小组评价（50）</td><td rowspan="5">课堂综合表现</td><td>小组任务完成情况</td><td></td><td></td><td></td><td></td><td></td></tr>
<tr><td>团队合作情况</td><td></td><td></td><td></td><td></td><td></td></tr>
<tr><td>完成任务的积极性</td><td></td><td></td><td></td><td></td><td></td></tr>
<tr><td>完成任务的速度</td><td></td><td></td><td></td><td></td><td></td></tr>
<tr><td>展示中发现本组不足并及时纠正</td><td></td><td></td><td></td><td></td><td></td></tr>
<tr><td colspan="3">合计</td><td></td><td></td><td></td><td></td><td></td></tr>
</table>

续表

2. 教师设计课堂评价表，统计各小组表现和小组互评情况，最终计算获胜组别

课堂评价表

小组名	活动一	活动二	活动三	找错	总分

3. 教师在课堂上进行分数统计，做出结果性评价，课中对活动三完成情况给出过程性评价，最后用讲授法进行课程知识点总结

第三单元　情绪与心态

第一课　学会控制情绪教学设计 6

<table>
<tr><td>教学单元/课</td><td>第三单元　情绪与心态
第一课　学会控制情绪（1）</td><td>课时</td><td>2 课时</td></tr>
<tr><td>教学内容</td><td colspan="3">情绪；情绪管理；活动体验</td></tr>
<tr><td rowspan="2">教学对象</td><td>授课专业</td><td>授课班级</td><td>学生人数</td></tr>
<tr><td>机电一体化专业</td><td>五年制高级班
中级阶段
机电 1951 班</td><td>50</td></tr>
<tr><td>学情分析</td><td colspan="3">授课班级学生活泼好动、个性鲜明、求胜心强，乐于通过操作性强的活动学习知识和提升能力，缺乏对理论知识的学习兴趣和自学、自省、自控能力，因此课堂教学建议采用“以学生为主体、以教师为主导”的模式</td></tr>
<tr><td colspan="4">一、教学目标</td></tr>
<tr><td colspan="4">理解情绪的概念和情绪管理的重要性，了解情绪表达的方式，熟悉情绪健康的标准，能客观评价自己或他人的情绪健康状况，激发情绪管理的积极性和主动性，培养主动管理情绪的意识</td></tr>
<tr><td colspan="4">二、重难点分析</td></tr>
<tr><td colspan="4">重点：情绪管理的重要性
重点突破策略：将学生置于案例、活动及情境中，让他们感受情绪管理的效果，体验情绪管理的重要性
难点：建立主动管理情绪的意识
难点化解策略：利用教学活动、体验活动和生活实践，提高学生情绪管理能力，树立主动管理情绪的意识</td></tr>
</table>

续表

三、学习资源

传统教学手段和信息化教学手段相结合，在教室配备多媒体及互联网设备，方便课堂教学；学生使用手机完成课前任务和视频拍摄；教学过程中学生以小组形式进行团队协作共同完成任务，需提前分组并分组就座。具体所需的学习资源如下：

1. 教学平台：互动学习平台
2. 多媒体教室及教学设备：电脑、投影仪、麦克风、手机、网络、白板、白板笔等
3. 信息化教学资源：PPT、视频、微信群等
4. 教材及评价表、活动所需气球及奖品等

四、教学实施过程

教学环节（时间）		学习内容	师生活动	教学手段/教学方法	设计意图
课前	课前任务（课前一周）	了解情绪	教师在微信群发布课前任务：教师指导班委组织学生分组，每组拍摄1段与情绪相关的微视频（不超过3分钟），主题为“2019级新生”，提前一天发给老师	微信群 微视频/ 体验教学法	增强学生参与教学过程的乐趣
课中	组织教学（2分钟）	考勤发放“课堂评价表”	1. 教师利用互动学习平台发放动态二维码考勤。学生扫码签到，汇报请假名单 2. 发放“课堂评价表”	互动学习平台	对学生安全负责，明确课堂要求
课中	导入（5分钟）	情绪是什么	1. 播放两组学生拍摄的情绪微视频 2. 引导学生思考：视频中展现的是什么情绪？如果是你，你会如何处理这样的情绪？ 3. 在学生的回答中导入本课的教学主题	微视频 PPT/ 互动式教学法	激发学生的学习兴趣，提高学生的学习动力
课中	新课讲授及互动教学（55分钟）	一、情绪和情绪管理 1. 情绪的定义及类型（5分钟）	1. 教师讲解情绪的定义 2. 学生头脑风暴：列举与情绪有关的词汇，越多越好 3. 将列举的词汇进行归类：积极情绪、消极情绪	PPT 磁性白板 白板笔/ 讲授法 头脑风暴法 互动式教学法	头脑风暴法丰富学生表达情绪的词汇，感知情绪复杂程度，从而重视情绪管理

续表

教学环节（时间）		学习内容	师生活动	教学手段/教学方法	设计意图
课中	新课讲授及互动教学（55分钟）	2. 情绪表达方式（15分钟）	1. 布置角色扮演活动。小组抽取一个情绪词，然后进行小组讨论：什么情境会出现这样的情绪？在这种情绪中你会怎么表达 2. 小组轮流表演，其他小组竞猜这是什么情绪 3. 师生小结：情绪表达的三种主要方式——面部表情、身体姿势、语音语调 4. 请学生再次思考如何采用更丰富、更准确的方式表达刚刚抽取的情绪词并进行表演	PPT 情绪词卡/ 角色扮演教学法 小组讨论教学法	两次角色扮演使学生深刻体验情绪表达的多种方式，提高情绪表达的能力
		二、情绪健康的标准（10分钟）	1. 教师讲解，引导学生完成教材54～55页中诗词品读、自评等活动，让学生认识情绪健康的四个标准 2. 发放“情绪量表”（见附件），让学生自评 3. 引导学生思考和讨论：情绪不健康会有什么样的后果	PPT/ 体验教学法 讲授法	讲解和自测，使学生了解自己的情绪健康水平；思考和讨论，承上启下
		三、情绪管理的重要性 1. 做好情绪管理有益于生理健康（10分钟）	1. 教师引导同学们完成情绪气球的活动：气球就像我们的身体，学生把气球吹起——吹大——放气——吹饱满——吹爆，体验情绪不振、情绪饱满和情绪过度对身体的影响 2. 讨论分享感受 3. 师生小结：不良情绪和情绪过度均无益于生理健康	PPT 气球/ 体验教学法	体验活动使学生切身体会情绪管理有益于生理健康
		2. 做好情绪管理有益于提高学习效率（10分钟）	1. 学生自查和分享情绪影响学习效率的事 2. 引导学生组间分享两个情绪影响学习效率的事例，一正一反 3. 师生小结：要想提高学习效率，必须做好情绪管理	PPT/ 小组讨论教学法 案例教学法	学生亲身经历的事例说明做好情绪管理有益于提高学习效率

续表

教学环节（时间）		学习内容	师生活动	教学手段/教学方法	设计意图
课中	新课讲授及互动教学（55分钟）	3. 做好情绪管理有益于保持良好的人际关系（5分钟）	1. 教师引导学生阅读教材第57页第一个情境并讨论思考问题。引导学生讨论不同的情绪互动带来的人际关系变化。每组派代表演示发言 2. 师生小结：情绪管理有益于人际关系的发展	PPT/情境教学法小组讨论教学法	情境教学使学生体会情绪管理有益于保持良好的人际关系
课中	课堂练习（15分钟）	四、活动体验	教师按照教材64～65页活动体验内容发布指令，引导学生完成互动体验，思考并分组讨论，分享体验	PPT/体验教学法小组讨论教学法	学生在体验中思考，强化情绪管理意识
课中	评价（8分钟）	课堂评价	1. 学生填写“课堂评价表”中知识点测评部分 2. 学生在小组内完成学生互评部分 3. 教师点评并计算总分，公布本次课表现最佳的三位同学，颁发小礼品	评价表小礼品/小组讨论教学法	自查和互评锻炼学生自省自查的能力，及时查缺补漏
课中	小结（3分钟）	本次课的主要内容	小结本课所学知识： 1. 情绪的表达方式 2. 情绪健康的标准 3. 情绪管理的重要性	PPT/讲授法	帮助学生梳理知识体系，加深印象
课中	作业布置（2分钟）	布置作业	1. 用本单元76～77页探究活动中的图表持续一周记录自己的情绪 2. 周一至周五各组轮流在微信群分享一个情绪小故事或一条新闻	PPT/讲授法	学生巩固课堂所学，强化情绪管理意识
课后	辅导与答疑	辅导与答疑	学生完成课后作业，教师在微信群督促并就每一次分享做出点评和引导	微信群/互动式教学法	帮助学生在日常生活中有意识地做好情绪管理
五、学业评价					
本课的学业评价是结果性评价和过程性评价的结合，分为三部分：知识点测评、学生互评、教师评价					

续表

课堂评价表

一、知识点测评（每空 5 分，共 35 分。）

1. 表达情绪的方式有_________、________、________。

2. 情绪健康的标准包括（　　）。【多选题】

A. 情绪基调是乐观、积极、稳定的　　B. 情绪反应适度

C. 对情绪能够克制压抑　　D. 对情绪具备一定的调控能力

E. 社会情感发展良好　　F. 情绪一直是积极向上的

3. 做好情绪管理有益于___________、__________、__________。

二、学生评价（50 分）

1. 每位学生根据自己的课堂表现给自己评分：__________。（满分 20 分）

2. 每位学生自评本次课堂获得知识和能力的提升评分：__________。（满分 20 分）

3. 组内评分：每个小组根据各小组成员是否积极参与以及是否具有团队精神，评出本组内表现好的前三名，分别加 10 分、8 分、6 分，其他同学加 4 分。你的组内得分是__________。

三、教师评价（15 分）

1. 教师综合微视频、角色扮演、课堂练习、讨论和分享的质量和积极性给予各小组点评。

2. 教师综合各组表现加分（15 分、13 分、11 分、9 分、7 分），本小组得分是________。

综合以上，我的本次课堂总分是__________。

我学会了____。

在以下方面我还需要加强____。

附　　件

情绪量表

这是一份测试你情绪状况的量表，每个形容词后面有 5 个选择答案，请根据你最近 1~2 个星期的实际情况，选择一个最符合你自己的选项。

内容	几乎没有 1	比较少 2	一般 3	比较多 4	极其多 5
1. 感兴趣的					
2. 心烦的					
3. 精神活力高的					
4. 心神不宁的					
5. 劲头足的					
6. 焦虑的					
7. 恐惧的					
8. 敌意的					
9. 热情的					
10. 自豪的					
11. 易怒的					
12. 警觉性高的					
13. 害羞的					
14. 备受鼓舞的					
15. 紧张的					
16. 意志坚定的					
17. 注意力集中的					
18. 坐立不安的					
19. 有活力的					
20. 害怕的					

测试评析：

积极情绪分数：第 1、第 3、第 5、第 9、第 10、第 12、第 14、第 16、第 17、第 19 题得分相加。

消极情绪分数：第 2、第 4、第 6、第 7、第 8、第 11、第 13、第 15、第 18、第 20 题得分相加。

积极情绪分数越高表示个体精力旺盛，能全神贯注，并且有持续的快乐体验，而分数低表明淡漠。

消极情绪分数越高表示个体主观感觉困惑、痛苦等，而分数低表示镇定。

第一课　学会控制情绪教学设计 7

<table>
<tr><td>教学单元/课</td><td>第三单元　情绪与心态
第一课　学会控制情绪（2）</td><td>课时</td><td>2 课时</td></tr>
<tr><td>教学内容</td><td colspan="3">做情绪的主人</td></tr>
<tr><td rowspan="2">教学对象</td><td>授课专业</td><td>授课班级</td><td>学生人数</td></tr>
<tr><td>幼教专业</td><td>五年制高级班
中级阶段</td><td>30</td></tr>
<tr><td>学情分析</td><td colspan="3">授课班级学生有一定的合作意识和素质基础；性格活泼开朗，学习积极性很高；重视感觉；感性，容易冲动。根据学生的学习能力，建议采用“以学生为主体、以教师为主导”的双主教学模式，结合互动教学，让学生们学会控制情绪</td></tr>
<tr><td colspan="4">一、教学目标</td></tr>
<tr><td colspan="4">能掌握调整消极情绪和培养积极情绪的方法；理解做情绪主人的重要性；培养坦然面对消极情绪的勇气和不断解决问题的勇气，培养主动管理情绪的意识</td></tr>
<tr><td colspan="4">二、重难点分析</td></tr>
<tr><td colspan="4">重点：学会管理情绪的方法
重点突破策略：使用翻转课堂、平台学习、案例、视频等教学手段，运用集中讲授、学生自主学习和小组讨论相结合的方式突破重点
难点：能用恰当的方法疏解负面情绪
难点化解策略：教师引导学生对实践任务进行分解，了解任务背景，分析典型案例，集中讲授与小组讨论相结合，头脑风暴、小组比赛与多方评价相结合，共同化解课程难点</td></tr>
<tr><td colspan="4">三、学习资源</td></tr>
<tr><td colspan="4">打造线上线下混合教学模式，教室里配备多媒体及互联网设备，方便课堂教学。同时，学生使用手机进行课前微课学习及学习检测、课中答题互动等。学生以小组形式进行团队协作参与比赛共同完成任务，所以需分组就座。具体所需的学习资源如下：
1. 教学平台：互动学习平台
2. 多媒体教室及教学设备：电脑、投影仪、麦克风、手机、网络、白板等
3. 信息化教学资源：PPT、视频、线上测试及微信群等
4. 教材及评价表等</td></tr>
</table>

续表

四、教学实施过程					
教学环节（时间）		学习内容	师生活动	教学手段/教学方法	设计意图
课前	翻转课堂（课前一周）	了解情绪管理案例	1. 在互动学习平台上独立预习课程，上网搜集情绪管理案例，分组上传至平台，阅读并进行小组讨论 2. 在线向老师提问 3. 教师为学生在线答疑	互动学习平台/混合教学法	1. 引导学生搜集资料，前置学习 2. 了解学生学习现状，以学定教
课中	组织教学（2分钟）	考勤及问候	1. 教师利用互动学习平台发放动态二维码考勤 2. 学生扫码签到，汇报请假名单	互动学习平台	课前考勤，对学生安全负责
课中	课程导入（5分钟）	观看视频	1. 观看资源库视频《孩子给爸爸倒水》并思考以下问题： （1）视频当中的父亲有哪些感受 （2）假如你是孩子的父亲，接下来你会怎么做 2. 体会视频中父亲的感受，学生根据老师提示发言	微视频 PPT/ 情境教学法	视频展示直观明了，唤起学生学习兴趣，明确学习目标

续表

教学环节（时间）		学习内容	师生活动	教学手段/教学方法	设计意图
课中	任务出示与分解（15分钟）	布置任务，明确重难点	1. 了解任务背景，学生组内讨论并进行角色扮演 （1）任务情境 茗茗在幼儿园带班实习，班上的小朋友为了美化教室，摘了校园里的花朵，被园长发现。园长就此事批评了茗茗。茗茗打电话向父母哭诉，得不到理解，与父母发生争吵。回到班里，茗茗冲孩子们大发雷霆，在一片哭声中，茗茗情绪崩溃了 （2）任务描述 运用所学，选择合适的管理情绪的方法，帮助茗茗化解职场负面情绪，解决其工作中遇到的困难 （3）任务要求 以小组比赛的形式来实施此任务。各小组讨论制订解决方案，并且在彩色卡纸上以简笔画的形式来辅助说明 方案要包含以下内容： （1）分析事件中茗茗的情绪 （2）提出管理情绪的方法 （3）写明方案要达到的预期效果 2. 根据所学知识和小组讨论内容，学生代表上台分解任务背景如下： （1）受到幼儿园园长批评 （2）因父母不理解，与父母争吵 （3）向班里孩子们发火，孩子们不理解并大哭 3. 教师引导学生通过分析任务背景中茗茗情绪恶化的原因，总结以下知识点： （1）情绪的影响 （2）踢猫效应	多媒体设备视频/任务驱动教学法	创设问题情境，围绕一体化教学，培养学生的学习兴趣和通用职业素质

续表

<table>
<tr><th colspan="2">教学环节（时间）</th><th>学习内容</th><th>师生活动</th><th>教学手段/教学方法</th><th>设计意图</th></tr>
<tr><td>课中</td><td>任务分析与决策（25分钟）</td><td>情绪管理的主要方法</td><td>1. 根据任务情景，分析客观现实，学会调整负面情绪。教师引导同学们小组讨论，给出答案，贴在白板上
（1）坦然面对，接纳消极情绪
（2）就事论事，限制消极范围
（3）正面思考，改变消极认知
（4）寻找出口，释放消极情绪
2. 让学生口述身边情绪管理的案例，教师引导，学生自主探究培养积极情绪的方法，实现情绪管理的初级目标——做情绪的主人
（1）善于感受积极情绪
（2）营造积极快乐的氛围
（3）学会记忆积极事物，遗忘消极事物
3. 在老师创设的诗歌情境中，学生仔细体会其意境，实现情绪管理的高级目标——寻找内心快乐的源泉，达到心灵的成长（突破学习重点）
我允许他人无法全然地爱我
我允许他人无法完全按照我的方式来爱我
我接受每种方式中的善意和爱意
无论如何，我都是值得被爱的
我会好好地爱我自己
……
4. 课中自省。请学生在轻柔的音乐声中微闭双眼，认真聆听教师朗诵的美文，感受短暂的放松，实现自我内心的反思
5. 以小组合作的形式实施任务，各小组集体讨论，分析任务背景，制订解决方案
6. 学生把小组讨论的结果（表现的情绪、选择的方法和预期的效果）用简笔画的形式画在彩色卡纸上，集思广益，记录各个环节的要点，确定小组代表，为上台发言做好准备
7. 教师巡回指导，给出建议</td><td>多媒体设备
案例故事
诗歌
音乐
彩色卡纸
彩笔/
案例教学法
情境教学法</td><td>1. 培养学生解决实际问题的能力
2. 简笔画的引入，丰富了课堂的授课形式，并结合幼教学生专业特点，引导学生做有情趣、有爱心、有智慧的新时代幼教工作者
3. 引入案例和诗歌引发学生共鸣，自尊自爱，达到心灵的成长，理解课程重点
4. 小组分工合作，头脑风暴，调动学生学习积极性，化解课程难点
5. 课中自省，增强学生内心感受，实现情的激发、爱的感悟、美的熏陶</td></tr>
</table>

续表

<table>
<tr><th colspan="2">教学环节
（时间）</th><th>学习内容</th><th>师生活动</th><th>教学手段/
教学方法</th><th>设计意图</th></tr>
<tr><td>课中</td><td>任务汇报与评价
（20分钟）</td><td>活动体验</td><td>1. 各组选派代表组建评委组，认真记录，及时汇报
2. 小组成员把本小组的任务完成报告贴在白板上，小组代表上台汇报并注意以下几个方面：
（1）情绪管理方法正确、适当，问题得到合理解决
（2）把握发言内容，层次清晰，语言规范，举止大方
（3）团队合作协调，情感体现充分
3. 各个小组先自评，归纳本小组优点；然后小组间互评，礼貌地指出不足之处并给出合理化建议
4. 评委组观察各小组表现，认真记录优缺点并做雷达图进行分析点评，宣布优胜小组
5. 幼儿园园长结合幼师职业特点进行现场点评（也可以视频在线点评）
6. 学生结合自身表现对点评要点做好记录
7. 教师关注学生表现，记录各小组主要优缺点，把握现场气氛</td><td>多媒体设备
移动白板/
情境教学法
体验教学法</td><td>1. 任务汇报锻炼学生语言表达能力
2. 自评与互评相结合，激发学生学习兴趣和集体荣誉感
3. 幼儿园园长参评，把专业知识与职业标准有机结合在一起，让学生学以致用</td></tr>
<tr><td>课中</td><td>任务总结与反馈
（10分钟）</td><td>活动体验</td><td>1. 根据老师引导，学生结合实际，剖析任务背景之中蕴含的深层含义，立志做新时代优秀的幼儿教育工作者
2. 教师引导学生解决任务并实现与自己和解、与家人和睦、与他人和谐
3. 课后测：学生为课程导入视频中的父亲出谋划策
4. 教师总结情绪管理方法应用的普遍性和通用性
5. 教师指导学生填写“小组自评表”与“小组互评表”</td><td>多媒体设备
评价表/
任务驱动教学法
讲授教学法</td><td>1. 理论与实践相结合，实现由感性认识到理性认识的飞跃
2. 加强课程的宽度和深度，将德育、美育和人文素养紧密地结合在一起，提升课程的高度</td></tr>
</table>

续表

教学环节（时间）		学习内容	师生活动	教学手段/教学方法	设计意图
课中	巩固与提升（10分钟）	畅谈感受、推荐阅读和布置作业	1. 学生代表上台畅谈本节课的收获和心得体会 2. 教师推荐书籍《哈佛家训》，并做简单介绍 3. 学生思考课后作业并做好记录 4. 布置作业：作为宿舍长，红红因为宿舍卫生不及格受到老师批评，情急之下就向舍友发火，舍友不以为然，红红万分沮丧。请帮红红分析负面情绪并思考化解的方法 要求：各小组以小品的形式来展示作业，并将视频上传至互动平台	多媒体设备 书籍/ 讲授法	让学生通过自己的探索和实践，在生活和工作中真正地学会管理自己的情绪，提升自己的职业素养
课中	课后自省（3分钟）	启迪同学们感恩生活，珍惜当下	学生在轻柔的音乐声中聆听课程最后的总结：上课时我们追求真理、学习知识；生活中我们不求表面的繁华和成功，但求内心深处长久的幸福和平静。让我们心怀感恩，不忘初心，去等待一朵花开的时间，欣赏一朵花开的美丽 在音乐声中结束课程	多媒体设备 故事 音乐/ 引导式教学法	柔美的音乐引发学生对情绪管理意义的思考，启迪同学们珍惜当下，努力进取，营造美好明天
课后	辅导与答疑	情绪管理相关知识	教师辅导作业和检验学生在生活中的实践情况	实践教学法	鼓励学生实践情绪管理方法

五、学业评价

本课采用小组自评、小组互评、教师点评、评委组总评和幼儿园园长参评的综合评价、多元评价模式，从整体上评价各小组的任务完成情况。在评价过程中，各评价主体依据评分表对相应的评价项目打分

1. 过程性评价表在教学过程中使用，能及时反馈各组的表现情况，关注学生的通用职业素质的发展
2. 小组自评表由各组组长总结填写
3. 小组互评表和教师评价在课后填写

续表

4. 幼儿园园长根据小组实际表现填写评价表
5. 评委组根据小组比赛情况填写评价表并绘制雷达图，选出优胜小组
备注：小组自评（占 20%）+小组互评（占 20%）+教师评价（占 30%）+幼儿园园长评价（占 30%）= 总评，总评成绩记录在成长手册中，作为平日考核成绩

过程性评价表（教师评价）				
第　　小组	评价人：			
评价内容	优秀（9~10 分）	良好（7~8 分）	达标（5~6 分）	不达标（0~4 分）
能够按时出勤，无迟到早退现象				
仪容仪表整洁大方，行为举止得体				
积极参与前置学习，获取相关信息				
上课精神饱满，积极活跃				
能够有效进行自我管理，课堂上无小动作				
积极参与小组讨论，制订方案				
方案制订科学、合理、有效、可实施				
语言表达清晰流畅，交流沟通能力强				
情感价值观表述正确，体现正能量				
有创新意识				
总分				

小组自评表			
第　　小组	评价人：		
评价内容	分值	得分	改进意见
1. 组内成员团结协作，分工合理	20		
2. 积极发言，讨论热烈	20		
3. 自我管理，尊重他人	20		
4. 能够分享自己的知识、技能和观点	20		
5. 合理高效地完成小组承担的任务，解决职场问题	20		
总分			

续表

小组互评表			
第　　小组	评价人：		
评价内容	分值	得分	改进意见
1. 小组成员发言积极、气氛热烈	20		
2. 小组成员建议合理，表述谦虚有礼	20		
3. 知识点掌握扎实、学以致用	20		
4. 发言代表的综合素质表现好	20		
5. 小组任务完成情况好	20		
总分			
幼儿园园长评价表			
第　　小组	评价人：		
评价内容	分值	得分	改进意见
1. 能正确分析情绪失控的原因	10		
2. 情绪管理的方法选取适当	10		
3. 能够解决幼儿教师的现实情绪问题	20		
4. 符合幼教职业的情绪要求标准	30		
5. 通用职业素质较高	30		
总分			

第二课　培养良好心态教学设计 8

<table>
<tr><td>教学单元/课</td><td colspan="2">第三单元　情绪与心态
第二课　培养良好心态</td><td>课时</td><td colspan="2">2 课时</td></tr>
<tr><td>教学内容</td><td colspan="5">心态和心态管理；做一个乐观的人；活动体验</td></tr>
<tr><td rowspan="2">教学对象</td><td colspan="2">授课专业</td><td>授课班级</td><td colspan="2">学生人数</td></tr>
<tr><td colspan="2">汽车维修（定向）</td><td>三年制中级班</td><td colspan="2">30</td></tr>
<tr><td>学情分析</td><td colspan="5">本课的教学对象共计 30 名学生。他们思维活跃，有想法，有创新意识，喜欢真实工作情景中的实践活动，学习主动性欠佳，缺乏自主探究意识。针对学生情况和教学内容，教师以生活情景为导入，以任务为驱动，以行动为导向，让学生在“做中学，学中做”</td></tr>
<tr><td colspan="6">一、教学目标</td></tr>
<tr><td colspan="6">理解良好心态的含义，能根据自身实际情况调整不良心态，掌握良好心态的培养方法，不断提高自信心，做到正确归因，养成乐观向上的积极心态</td></tr>
<tr><td colspan="6">二、重难点分析</td></tr>
<tr><td colspan="6">重点：培养乐观心态
重点突破策略：利用经历分享、案例分析和情境归因练习，引导学生探索培养乐观心态的方法，并通过活动实践实际运用
难点：掌握调整不良心态的方法
难点化解策略：利用案例分析和活动体验，鼓励学生自行探讨和归纳调整不良心态的方法</td></tr>
<tr><td colspan="6">三、学习资源</td></tr>
<tr><td colspan="6">所需的学习资源主要有：一体化教室、多媒体投影、智能手机、互动学习平台、袋子、纸张、石头、记号笔、评价表等</td></tr>
<tr><td colspan="6">四、教学实施过程</td></tr>
<tr><td colspan="2">教学环节（时间）</td><td>学习内容</td><td>师生活动</td><td>教学手段/教学方法</td><td>设计意图</td></tr>
<tr><td>课前</td><td>翻转课堂（课前一周）</td><td>课前任务单</td><td>1. 教师发放“课前任务单”（见附件 1）
2. 学生根据自身经历，填写“课前任务单”上的表格</td><td>任务单
手机
微信群/
提问教学法
体验学习法</td><td>引导学生结合自己的经历思考课题，为课堂教学做好准备</td></tr>
</table>

续表

教学环节（时间）		学习内容	师生活动	教学手段/教学方法	设计意图
课前	考勤及问候	签到	1. 教师利用互动学习平台发放动态二维码考勤 2. 学生扫码签到，汇报请假名单	互动学习平台	课前考勤，对学生安全负责，掌握学生动态
课前	热身游戏	分组游戏水果沙拉	1. 教师站在学生围成的圈中 2. 让学生报 5 种水果名字，从任意学生开始依次报水果名，报错水果名的同学取代老师的位置，站在圈中间 3. 同学轮完一圈后游戏结束，按水果名分 5 组坐好	游戏教学法 互动式教学法	拉近学生与教师之间的距离，增进学生与学生之间的交流
课中	激趣导入（8 分钟）	体验活动	1. 每组推荐一名代表，双手各提一个袋子站好 2. 学生听教师讲故事：《李明的一天》（见附件 2） 3. 活动规则：故事中的年轻人经历了一些积极的和消极的事情 听到积极的事情，每位组员拿张纸揉成球状，放在标有“好极了”的袋子里；听到消极的事情，拿一块石头放进标有“糟透了”的袋子里 教师讲完故事，大家可问提袋子的学生代表以下问题： ——哪个袋子提着更轻松 ——你提着代表消极经历的袋子时，心里在想什么 4. 教师导入课题	袋子 石头 纸张/ 游戏教学法 体验式教学法 互动式教学法	1. 情景体验使学生感知积极和消极经历对我们的影响 2. 抽象概念具象化后，学生直接感受积极阳光的良好心态的益处

续表

教学环节（时间）		学习内容	师生活动	教学手段/教学方法	设计意图
课中	新课讲授及互动教学（共70分钟）	一、心态和心态管理（35分钟） （一）认识心态 （二）建立良好心态 （三）调整不良心态	1. 教师讲解教材57~59页保持良好心态的作用 2. 学生速读教材第68页案例。教师引导学生思考是什么原因使小新发生了巨大的变化 3. 各小组结合小新的案例及教材内容讨论如何建立良好的心态 4. 小组代表陈述讨论结果，教师引导、点评和小结。学生提出的方法应合理、可操作，并能结合教材内容 5. “糟心事黑洞”活动：同学们将“课前任务单”投入纸箱做的“黑洞”中 6. 小组长随机抽取任务单，小组成员运用所学知识讨论如何用积极的心态来面对、处理此事，并派代表上台分享。教师适时点拨，倡导正确的心态调整方法	PPT 干净的垃圾桶/ 讲授法 案例教学法 小组讨论 教学法 游戏教学法	1. 运用案例引导学生理解建立良好心态的必要性 2. 小组讨论、观点碰撞及信息分享使学生习得建立良好心态的方法 3. “糟心事黑洞”活动帮助学生在实际生活中排遣压抑情绪，调整不良心态，积极面对生活，化解教学难点

续表

教学环节（时间）		学习内容	师生活动	教学手段/教学方法	设计意图
课中	新课讲授及互动教学（共70分钟）	二、做一个乐观的人（35分钟） （一）关注事物的积极方面 （二）不断提高自信心 （三）学会正确归因	本课的教学重点和目标是引导学生做一个乐观的人，可从教材中的三大点着手： 1. 关注事物的积极方面：以小组为单位分享“近期让我高兴的事情” 2. 不断提高自信心：教师通过教材中的故事和案例，鼓励学生正确看待自己和打破自我设限 3. 学会正确归因 （1）教师讲解归因的定义 小活动：各小组抽取一个归因情境（见附件3），讨论并记录导致该情境结果的原因（5个以上） （2）教师通过PPT讲解心理学家韦纳关于归因维度的划分：能力、努力、任务难度和运气 （3）教师推荐乐观的归因方式：把成功归因于能力（个人内在因素）和任务难度（稳定因素）；把失败归因于努力（不稳定因素）和运气（外在因素） （4）小组成员结合以上所学，讨论之前找出的原因中哪些是乐观归因，然后派代表发言 （5）教师总结归因“三要三不要”原则：要客观分析，不要主观臆测；要先找内部原因，不要一味埋怨或自责；要找可变原因，不要找不可变事实	情境纸条 笔 PPT/ 案例教学法 头脑风暴法 小组讨论教学法 体验式教学法	1. 教学内容结合学生的实际生活，调动学生的学习积极性 2. 教师通过故事和案例积极引导，提高他们的自信心 3. 教师通过情境设置开展体验活动以突破教学重点 4. 学生主动参与并积极探索乐观归因的方式，锻炼解决生活中实际问题的能力
课中	评价（7分钟）	综合性评价	1. 学生通过扫码登录问卷星进行自我评价 2. 小组成员通过问卷星进行互评 3. 教师通过学生的课堂表现进行综合评价	手机 问卷星 评价表/ 互动教学法	利用信息化平台快速评价，及时获得统计数据。多元评价更客观全面

续表

教学环节（时间）		学习内容	师生活动	教学手段/教学方法	设计意图
课中	小结（3分钟）	本次课的主要内容	1. 建立良好心态，调整不良心态 2. 正确归因，做乐观的人 3. 情感升华：人生没有固定公式和法则，但是心态决定你的生活	PPT/归纳总结	系统归纳知识，加深印象。帮助学生树立正确的人生观和价值观
课中	作业布置（2分钟）	布置与生活相关的作业	请同学们每天记录一件发生在生活中的好事或者心情愉悦的事情，并且对该事进行乐观归因。连续记录一周后上交	PPT/讲授法	帮助学生在生活中建立良好心态，练习乐观归因
课后	答疑与监督	生活实践	教师课后或晚自习辅导，了解学生在生活实践中对良好心态的培养和练习情况	互动教学法	鼓励学生保持乐观心态

五、学业评价

本次课以学生自评、小组互评为主，辅以教师指导补充评价的多元评价方式。评价考核方式以学习目标为导向，围绕学习过程设计评价要点，采用综合评价方式

综合评价表

评价	评价内容	评价方式	评价目的	评价特点	分值
学生自评	1. 前置任务的完成情况 2. 课程进行中能否根据教师的引导完成学习任务 3. 技巧策略掌握的情况 4. 本次课程参与的热度情况 5. 本次课程进行中任课教师的表现情况	问卷星扫描评价	检测课前、课中目标达成度	结果更加直观清晰，且操作简单，具有时效性	25
小组互评	1. 小组合作讨论是否充分 2. 小组成员是否相互配合完成学习任务 3. 小组课堂纪律情况如何 4. 小组活动步骤总结是否完整，有无记录 5. 小组是否能按时完成分配的学习任务	问卷星扫描评价	检测课中目标达成度	结果更加直观清晰，操作简单，具有时效性	25

续表

评价	评价内容	评价方式	评价目的	评价特点	分值
教师评价	1. 认真完成课前学习任务 2. 掌握本次学习任务的知识和技能 3. 积极参与课堂学习 4. 能与小组成员沟通交流 5. 认真听取教师和同学意见	教师总评	检测课前、课中达成度	合理划分微任务，促竞争。综合全面评价，给予鼓励	50
总计					100

附　件　1

课前任务单

请写下一件你经历的挫折、失败或难过的事，以备课上讨论。

项目	内容
事情的经过	
当时的想法	
当时的做法	
导致的结果	
心态的变化	

附 件 2

李明的一天

结合本校学生实际情况创作一个故事，描述一位同学一天的生活。这一天中要有积极经历，也要有消极经历。故事讲述时间为 2 分钟。以下是故事示例：

一天早上，李明的闹钟罢工了，导致李明没时间吃早餐就匆匆出门了。

李明快速跑到公交站时，幸运地赶上快要出站的公交车。

出行早高峰，车上人很多，李明被人推了一下差点摔倒，于是跟对方争吵起来。

上课迟到被老师当众批评。

实习课上，老师让李明为大家演示标准工作流程。

放学时，班主任告诉他，在学校书法比赛中，他获得了二等奖。

……

附 件 3

归因情境

情境一：我请交往多年的好朋友帮忙，他却拒绝了我。因为……

情境二：升国旗时，我代表全班同学在国旗下发言，结果在开场时就把发言稿念错了。因为……

情境三：朋友让我陪他参加学校组织的歌咏比赛，结果我竟得了三等奖。因为……

情境四：为了参加学校组织的技能大赛，我努力地练习，但比赛结果并不理想。因为……

情境五：班主任让我写一份班级春游方案，多次修改后终于通过了。因为……

第四单元　习惯与自律

第一课　养成良好习惯教学设计 9

<table>
<tr><td>教学单元/课</td><td>第四单元　习惯与自律
第一课　养成良好习惯</td><td>课时</td><td>2 课时</td></tr>
<tr><td>教学内容</td><td colspan="3">良好习惯的意义；养成良好习惯的方法；活动体验</td></tr>
<tr><td rowspan="2">教学对象</td><td>授课专业</td><td>授课班级</td><td>学生人数</td></tr>
<tr><td>机械专业</td><td>五年制高级班
中级阶段</td><td>55</td></tr>
<tr><td>学情分析</td><td colspan="3">本班学生是一年级新生，学习上配合度较高，具备一定的自我管理认知基础，但是有较为明显的畏难情绪，缺乏自信心和沟通合作能力，需要教师进行较为细致的指导才能完成活动任务。本课采用行动导向的教学模式，让学生“学中做，做中学”，从理论到实践扎实迁移，掌握和运用良好习惯的养成方法</td></tr>
<tr><td colspan="4">一、教学目标</td></tr>
<tr><td colspan="4">理解与认同良好习惯使人终身受益的观点，掌握养成良好习惯的三个步骤，激发学生内动力，提升执行力和增强实现目标的信心，培养效率意识</td></tr>
<tr><td colspan="4">二、重难点分析</td></tr>
<tr><td colspan="4">重点：确定养成良好习惯的目标
重点突破策略：利用填写表格、小组讨论，学会确定符合自身需求和具有可行性的习惯目标
难点：提升执行力
难点化解策略：利用头脑风暴、小组竞赛等方式激发学生思考，结合自身实际条件，寻找行动触发点</td></tr>
</table>

续表

三、学习资源					
打造开放式教学模式，以小组讨论为主要教学方式，学生在团队协作中共同完成任务。具体所需的学习资源如下： 1. 教学平台：互动学习平台 2. 多媒体教室及教学设备：电脑、投影仪、麦克风、手机、网络、白板等 3. 信息化教学资源：PPT					
四、教学实施过程					
教学环节（时间）		学习内容	师生活动	教学手段/教学方法	设计意图
课前	活动体验（课前一周）	“良好习惯养成规划表”	1. 课前一周发放“良好习惯养成规划表”（见附件1），学生自主填写“我已有的好习惯”和“我想养成的好习惯”清单 2. 学生在课前两天将清单上传到互动学习平台，教师进行摸底了解	互动学习平台/体验式教学法	课前梳理有助于课堂中学生对知识点的延伸思考
课中	组织教学（2分钟）	考勤及问候	1. 教师利用互动学习平台记录考勤 2. 调整课前状态	互动学习平台	课前考勤，准备上课
课中	导入（6分钟）	1. 教材第80页案例 2. 好习惯的定义	1. 学生速读案例，思考习惯的优劣对生活和工作的影响 2. 教师引导，概述好习惯的定义	PPT/讲授法 案例教学法	利用情景案例激发学生思考
课中	新课讲授及互动教学（60分钟）	一、良好习惯受益终生（15分钟） 1. 良好习惯能提高效率 2. 良好习惯能建立良好人际关系	1. 学生在小组内分享课前填写的“我已有的好习惯”和“我想养成的好习惯”清单 2. 小组派代表分享这些好习惯给自己带来的收获 3. 教师根据学生的分享梳理良好习惯的意义，在白板上写下关键词	PPT 规划表/互动式教学法 小组讨论教学法	分享促进交流，利于学生理解知识点，更能延伸课外知识

续表

教学环节（时间）		学习内容	师生活动	教学手段/教学方法	设计意图
课中	新课讲授及互动教学（60分钟）	二、养成良好习惯（45分钟） （一）确定要养成的习惯 1. 良好习惯的种类 2. 良好习惯的确定	1. 学生把“我要养成的好习惯”清单归类填写在教材第83页的表格中，思考还有哪些种类的好习惯需要补充 2. 学生在小组内分享好习惯清单里哪一类习惯最多，为什么 3. 教师巡堂聆听，归纳指出某类好习惯清单最多就意味着某一方面很需要改变 4. 学生确定一个目前最想养成的目标习惯，填写附件1中“良好习惯养成规划表”中的“三、目前最想养成的一个好习惯”栏目内，分别写上习惯养成的时间和对该习惯的可行性分析 5. 小组其他成员互相评价该习惯的可操作性并提出建议 6. 教师聆听学生讨论，进行及时引导，鼓励学生根据自身独特需求确定目标习惯	PPT 规划表/ 启发式教学法 小组讨论教学法 讲授法	1. 结合学生的课前准备，让学生自主划分好习惯的种类 2. 一边学一边写，让学生把主观思考变成可视化的文字，能更好地引导学生确定符合个人实际需求的良好习惯
课中	新课讲授及互动教学（60分钟）	（二）马上行动，激发执行力 1. 刻意练习 2. 设置行动触发点	1. 学生速读教材第83页案例，思考什么是行动触发点 2. 小组讨论日常生活中可以设置哪些行动触发点？各小组比赛，看哪个小组在5分钟内分享的最多 3. 各小组将结果张贴在白板上 4. 小组交叉评价，选出可行的触发点 5. 教师点评，指出问题，明确习惯养成中刻意练习的重要性和设置行动触发点在习惯养成中的必要性 6. 学生独立完成“良好习惯养成规划表”中的“四、我的行动触发点”	PPT 规划表/ 案例教学法 头脑风暴法 小组讨论教学法	1. 给予学生一定的自学时间可以提升其独立思考的能力 2. 通过讨论、分享，理解“马上行动”对养成习惯的重要性 3. 学生独立填写表格，完成自己的养成规划表

续表

教学环节（时间）		学习内容	师生活动	教学手段/教学方法	设计意图
课中	新课讲授及互动教学（60分钟）	（三）借助外力，促进习惯养成 1. 自我暴露 2. 寻找伙伴 3. 奖惩机制	1. 教师讲述一个自己习惯养成的故事，引导学生思考习惯养成除了依靠自身动力外，还可以寻找哪些外力，帮助自己坚持下去 2. 小组充分讨论后，各自完成“良好习惯养成规划表”中的“五、我有好帮手”栏目 3. 教师巡堂，把握课堂节奏并针对教材知识点进行引导	PPT 规划表/ 小组讨论教学法 讲授法 问答法	1. 教师讲述自己的故事，拉近师生距离，激发学生思考 2. 学生完成表格，进一步完善习惯养成步骤
课中	活动分享（15分钟）	优秀“良好习惯养成规划表”	1. 各小组选出一份优秀的“良好习惯养成规划表”进行分享 2. 学生投票选出最佳作品 3. 教师点评作品	规划表/ 直观演示法	激发学生积极参与，通过优秀作品展示对知识进行巩固
课中	课堂小结（5分钟）	本次课的主要内容	1. 教师回顾导入环节中的案例，再次深化理解良好习惯受益终身，鼓励学生马上行动养成一个良好习惯 2. 学生聆听教师分析，做好笔记	PPT/ 案例教学法	呼应前序内容，进一步激发学生养成好习惯的内动力
课中	布置作业（2分钟）	布置与学生专业或生活相关的作业	1. 学生根据自己填写的“良好习惯养成规划表”，在规定时间内完成“六、习惯养成情况分析” 2. 完成教材84~85页的活动体验，并上传到互动学习平台	互动学习平台 PPT	让学生巩固所学知识点，并结合学习和生活实践，养成良好习惯
课后	辅导与答疑	养成一个良好习惯	学生在养成良好习惯过程中填写“良好习惯养成记录表”（见附件2），并及时与教师沟通交流心得体会	互动式教学法	做到知行合一，注重实效
五、学业评价					
本课学业评分分为“课堂学习评价表”和“良好习惯养成记录表”。“良好习惯养成记录表”在习惯养成时间截止日提交					

续表

课堂学习评价表		
评价项目	具体内容	评分（每项10分）
知识与技能	1. 理解和认同良好习惯对个人的积极影响	
	2. 能确定要养成的良好习惯	
	3. 能马上行动，激发执行力	
	4. 能借助外力，促进习惯养成	
过程与方法	1. 能进行自我学习，做好课堂笔记	
	2. 能积极参与小组讨论，积极沟通	
	3. 能认真聆听他人建议	
情感态度与价值观	1. 愿意为学习付出努力	
	2. 能树立自信心	
	3. 愿意不断尝试养成好习惯的新方法，直到养成良好习惯	
总评		

附　件　1

良好习惯养成规划表

<table>
<tr><td>班级</td><td></td><td>姓名</td><td></td></tr>
<tr><td colspan="4">一、我已有的好习惯</td></tr>
<tr><td colspan="4">二、我想养成的好习惯清单</td></tr>
<tr><td colspan="4">三、目前最想养成的一个好习惯
（一）养成时间

（二）可行性分析</td></tr>
<tr><td colspan="4">四、我的行动触发点</td></tr>
<tr><td colspan="4">五、我有好帮手</td></tr>
<tr><td colspan="4">六、习惯养成情况分析
（一）是否按计划完成

（二）养成过程中遇到问题你是怎么解决的

（三）你最大的收获是什么</td></tr>
</table>

附　件　2

良好习惯养成记录表

日期	按时完成	延时完成	未完成	给自己的建议
结果评定：				
我的调整策略：				

注：完成情况在相应空格内画“√”，结果评定分为完全养成、基本养成、未养成。

第二课　提高自律能力教学设计 10

<table>
<tr><td>教学单元/课</td><td>第四单元　习惯与自律
第二课　提高自律能力</td><td>课时</td><td>2 课时</td></tr>
<tr><td>教学内容</td><td colspan="3">自律的含义；自爱是实施自律的出发点；自控是实现自律的落脚点</td></tr>
<tr><td rowspan="2">教学对象</td><td>授课专业</td><td>授课班级</td><td>学生人数</td></tr>
<tr><td>计算机网络应用</td><td>五年制高级班
中级阶段</td><td>40</td></tr>
<tr><td>学情分析</td><td colspan="3">授课对象是计算机专业学生，好奇心强，活泼好动，有一定的信息搜索和整合能力。根据学生的特点，本课采用了课前完成小组任务、课中汇报分享、课后拓展延伸的教学方式</td></tr>
<tr><td colspan="4">一、教学目标</td></tr>
<tr><td colspan="4">了解自律的含义，理解自爱和自控在自律中的作用；能用自律方法抵制诱惑，实现自控；在自律养成中建立愈挫愈勇的积极心态，建立对自己负责的责任意识，培养学习成长中的长远眼光</td></tr>
<tr><td colspan="4">二、重难点分析</td></tr>
<tr><td colspan="4">重点：掌握积极暗示的方法
重点突破策略：学生在情境体验法中体验积极心理暗示的力量并能运用到生活中
难点：能在诱惑中保持自律
难点化解策略：学生在演示法和头脑风暴法中分析学习生活中存在的诱惑，以及抵制诱惑的方法，结合教师引导，深入理解抵制眼前诱惑是为了获得更长远的收益</td></tr>
<tr><td colspan="4">三、学习资源</td></tr>
<tr><td colspan="4">为方便课堂教学，教室配备多媒体及互联网设备；教师利用互动学习平台，布置课前任务及课堂考勤。具体所需学习资源如下：
1. 教学平台：互动学习平台
2. 多媒体教室及教学设备：电脑、投影仪、麦克风、手机、网络、白板等
3. 信息化教学资源：PPT、视频
4. 其他资源：教材及评价表、小奖品等</td></tr>
</table>

续表

四、教学实施过程					
教学环节（时间）		学习内容	师生活动	教学手段/教学方法	设计意图
课前	布置任务（课前一周）	1. 预习本课 2. 课前任务安排表（见附件）	1. 教师利用互动学习平台发布课前任务安排表 2. 小组完成任务，并在课前两天把相关材料上传到互动学习平台 3. 教师及时给予指导	互动学习平台/任务驱动教学法	1. 提前预习课堂知识，为课堂教学做准备 2. 锻炼学生自主学习能力，培养小组合作意识
课中	组织教学（2分钟）	课堂考勤 1. 师生相互问好 2. 检查教学设施设备	1. 检查教学设施设备 2. 师生准备课堂物品，调整上课状态 3. 师生相互问好 4. 使用互动学习平台记录考勤	互动学习平台	有效节约时间，及时保存考勤记录
课中	复习导入（3分钟）	习惯的养成靠自律	1. 教师提问：确定目标习惯后，要养成习惯靠什么 2. 学生交流、回答 3. 导入本课题：提高自律能力	PPT/提问教学法	提问联系习惯的知识点，引出新课
课中	任务汇报一（10分钟）	一、自律的内涵 1. 自律的定义 2. 自律的意义	1. 第一小组派代表上台展示微视频《什么是自律》，并对自律进行解读 2. 其他小组提问，加深思考 3. 其他小组根据第一小组的表现（表达清晰度、观点精辟度和体态自然度），为第一小组贴“心”（每组最高可以给5颗“心”，最后集“心”最多的小组可以获得奖品） 4. 教师根据学生的分享情况，概括自律的定义及意义	PPT 微视频/ 自主探究法 演示法	1. 课前微视频拍摄，使对自律内涵的理解更有主观能动性 2. 小组集“心”得奖，激励学生提高参与度
课中	任务汇报二（15分钟）	二、自爱是实施自律的出发点 1. 为保持身体健康而自律 2. 为具备良好声誉而自律 3. 为提升自身素质而自律	1. 第二组成员上台展示自律的故事或案例，并用三句话概述阅读体会 2. 其他小组根据对第二小组的表现（故事案例的完整度、启发性），为第二小组贴“心” 3. 请学生谈谈看完故事或案例后的感受 4. 教师聆听，总结归纳学生的体会，结合实际对知识点进行补充	PPT / 案例分析法 互动教学法	1. 以学生为主体创设开放式课堂，营造敢表达、善于表达的氛围 2. 学生分享的活动形式将枯燥的理论知识转化成生活语言，便于学生理解

续表

教学环节（时间）		学习内容	师生活动	教学手段/教学方法	设计意图
课中	任务汇报三（30分钟）	三、自控是实现自律的落脚点 （一）增强自律的动力和信心 1. 积极暗示“我能行” 2. 设置阶段目标，逐步达成 3. 记录过程，及时分析	1. 积极暗示我能行 （1）教师播放轻柔音乐，第三组向其他组成员赠送积极暗示卡片，并对收卡人读出卡片的内容 （2）小组内交流分享收到卡片的体会，并以第一人称读卡片内容，对自己进行积极暗示 （3）教师补充讲解罗森塔尔效应，深入理解积极暗示对于增强动力和信心的作用 （4）其他小组观察第三小组的表现，为第三小组贴“心” 2. 设置阶段目标 （1）教师对设置阶段目标的方法进行简要讲述，请各小组以“手机戒瘾”为总目标，设置可行的阶段目标 （2）小组讨论，绘制展示海报 （3）小组解说所设置的阶段目标，请同学投票得出最佳目标设置 （4）教师针对每个小组的“手机戒瘾”方案进行可行性评价 3. 记录过程，及时分析 （1）学生阅读教材第92页的案例，思考问题：记录过程为什么能产生及时肯定的效果 （2）请学生根据前面设置的阶段目标，谈谈自己将如何记录过程 （3）教师鼓励学生坚持真实、细致的过程记录，及时肯定和反馈，形成良性循环	PPT 音乐 麦克风/ 体验式教学法 讲授法 小组讨论 教学法 自主学习法	1. 学生在收读卡片的情境中体验积极的心理暗示 2. 教师设置与学生密切相关的问题，激发学生参与活动的积极性 3. 培养学生的自学能力

续表

教学环节（时间）		学习内容	师生活动	教学手段/教学方法	设计意图
课中	任务汇报四（25分钟）	（二）抵制诱惑 1. 停下来，回顾目标 2. 对比收获，做更好选择 3. 转移注意力，远离诱惑源头	1. 第四组的同学播放“你问我答”的采访视频 2. 其他小组根据第四小组表现贴“心” 3. 学生对采访视频中出现的“抵制诱惑”方法进行分类 4. 分组讨论你还能想出哪些抵制诱惑的方法 5. 教师结合教材知识点进行提炼总结	PPT 白板 磁铁 黑板/ 小组讨论教学法 讲授法	1. “你问我答”的采访视频能促使学生快速思考 2. 小组讨论，集思广益
课中	小结（3分钟）	1. 自律的内涵 2. 自爱是实施自律的出发点 3. 自控是实施自律的落脚点	1. 教师：随机点名，让其快速总结 2. 学生：被抽到的学生用一句话小结所学知识，下一个同学的小结不能和前面的同学重复 3. 教师对本节课进行总结提升，鼓励学生课后用所学的方法提高自律能力，引导学生学会坚持，认同坚持是提高自律能力的关键	PPT/ 讲授法	帮助学生快速系统归纳知识，加深印象
课中	作业布置（2分钟）	完成课本活动体验练习题	1. 小组抽取第94页“四、活动体验”的任务场景 2. 开展课后体验活动，请学生以团队为单位，合作讨论并回答问题 3. 每组把讨论后的最终解决方法以文字形式提交到互动学习平台 4. 预习下节课的内容	PPT/ 小组讨论教学法	运用所学知识和技能解决实际问题
课后	拓展延伸	慎独与自律的关系	1. 阅读教材第95页的知识拓展内容 2. 在互动学习平台讨论和分享慎独与自律的关系	互动学习平台/ 互动式学习法	延展学生对自律的理解

续表

五、学业评价

本课的学业评价是过程性评价，从课前任务完成情况、课堂学习态度、与同学合作情况、发言的条理性、思维的创新性等方面进行评价。教师发放学习评价表，学生根据课堂实施情况及时填写该表，分值越高效果越好

学习评价表

班级：　　　　姓名：

项目	★★★★★	★★★	★	自评	组评	师评
课前任务完成情况	积极认真参与课前准备，收集丰富资料并积极参与展示	能收集一部分资料，比较认真地完成小组任务	基本没参与准备			
课堂学习态度	认真听讲，积极思考、参与讨论与交流、举手发言	能认真听讲，能参与讨论和交流，偶尔举手发言	无心听讲，很少参与讨论和交流，很少发言			
同学合作情况	善于与同学合作，团队意识强，尊重他人的意见和成果，形成小组观点	有一定的团队意识，能接受他人意见，形成小组意见	缺乏团队合作意识，听不进别人意见，不能形成小组意见			
表述的条理性	思路清晰，准确有条理地表达自己观点	能表达自己的观点，但条理性有待提高	不能表达自己的观点，缺乏条理性			
思维的创新性	具有创新思维，善于独立思考	有一定的创新性思维，能在老师和同学的启发下解决问题	缺乏创新性，不能独立解决问题			
自我反思						
同学的悄悄话						
老师的激励						

附　件

课前任务安排表

分组	项目	内容
第一组	任务内容	拍摄微视频
	任务步骤	1. 预习本课内容 2. 自拍或采访他人（同学、老师、亲友）内容为："什么是自律?"（拍摄视频） 3. 拍摄 2 分钟视频 4. 课前两天把微视频上传至互动学习平台
第二组	任务内容	收集"自律"的故事或案例
	任务步骤	1. 预习本课内容 2. 查阅"自律"的相关故事或案例 3. 用三句话概括阅读体会 4. 把故事或案例以及体会上传至互动学习平台
第三组	任务内容	为全班同学每人写一句积极暗示的话
	任务步骤	1. 查阅"罗森塔尔效应"，准备课堂分享 2. 准备每人一句积极暗示的话，并写在小卡片上 3. 给同学赠送小卡片
第四组	任务内容	拍摄"你问我答"的采访视频
	任务步骤	1. 设计好关于诱惑的问题，比如：喉咙痛还想去吃烧烤怎么办？上课想玩手机怎么办 2. 进行一人一题采访，拍摄视频 3. 整理视频，上传至互动学习平台

第五单元 自省与提升

第一课 保持自我反省教学设计 11

<table>
<tr><td>教学单元/课</td><td>第五单元 自省与提升
第一课 保持自我反省</td><td>课时</td><td>2 课时</td></tr>
<tr><td>教学内容</td><td colspan="3">自省的作用；自省的方法</td></tr>
<tr><td rowspan="2">教学对象</td><td>授课专业</td><td>授课班级</td><td>学生人数</td></tr>
<tr><td>电工专业</td><td>三年制中级班</td><td>50</td></tr>
<tr><td>学情分析</td><td colspan="3">该授课对象为 2019 级电工专业的新生，50 名男生。同学们具有技校学生的典型特点，好奇心强、活泼好动、动手能力较强，但自我学习、自我管理的能力较差。根据学生的学习能力，计划采用“以学生为主体，以教师为主导”的双主教学模式，结合体验式教学活动，让学生们了解自省的作用、掌握自省的方法</td></tr>
<tr><td colspan="4">一、教学目标</td></tr>
<tr><td colspan="4">学生能够理解自我反省的作用，掌握自我反省的常用方法；意识到自我反省对于个人成长的重要性，从而在学习、工作、生活中保持自我反省的积极性和主动性；逐步养成自我反省的习惯，通过自我反省及时进行自我调整，做出改变，不断进步</td></tr>
<tr><td colspan="4">二、重难点分析</td></tr>
<tr><td colspan="4">教学重点：使学生理解自我反省的作用，建立自我反省的意识
重点突破策略：通过活动体验，让学生从思想上认识到自我反省对确保不触犯法纪、学会思考、停止抱怨、及时调整目标、改进自控方法等方面的好处
教学难点：使学生能够掌握自我反省的方法，并在实践中养成自我反省的习惯
难点化解策略：通过活动体验让学生实践和练习自我反省的方法，并及时在小组中讨论与分享自己的实践感受，进一步巩固学习效果</td></tr>
</table>

续表

<table>
<tr><td colspan="6">三、学习资源</td></tr>
<tr><td colspan="6">本课学习中，需要的资源包括：
1. 场地：多媒体教室
2. 设备：多媒体教学设备、白板展示板、卡纸、彩笔、磁铁等
3. 教学材料：《自我管理》教材、多媒体课件、云班课、活动任务书、学习任务完成情况评价表</td></tr>
<tr><td colspan="6">四、教学实施过程</td></tr>
<tr><td colspan="2">教学环节（时间）</td><td>学习内容</td><td>师生活动</td><td>教学手段/教学方法</td><td>设计意图</td></tr>
<tr><td>课前</td><td>课前任务</td><td>故事搜集</td><td>请每位同学利用课余时间，上网搜索一个关于“自省”的故事</td><td>任务驱动教学法
体验学习法</td><td>为课堂教学做准备</td></tr>
<tr><td>课中</td><td>组织教学（2分钟）</td><td>考勤及问候</td><td>1. 师生相互问好
2. 发起云班课签到</td><td>云班课</td><td>了解学生考勤情况，对学生安全负责</td></tr>
<tr><td>课中</td><td>导入（5分钟）</td><td>故事导入</td><td>1. 各组派代表分享自己搜集的故事
2. 教师简要点评
3. 参与分享的同学所在的小组，获得一个“小笑脸”奖励
4. 结合故事内容，引出本课主题“保持自我反省”</td><td>案例教学法</td><td>故事展示引出了“自省”主题，唤起学生学习兴趣</td></tr>
<tr><td>课中</td><td>概念学习（8分钟）</td><td>一、什么是“自省”
自省是通过自我意识来省察自己言行思想的过程，是自我认知、自我约束、自我激励的过程</td><td>1. 头脑风暴：找找关键词
你认为什么是“自省”？请用一些关键词来描述
2. 各小组讨论出结果后，派代表写到白板上。教师根据完成情况、完成质量，适当奖励“小笑脸”
3. 教师概括总结自省的定义</td><td>PPT
磁性白板
粗头笔/
头脑风暴法
小组讨论教学法</td><td>通过简单的关键词，帮助学生更好地理解什么是自省</td></tr>
</table>

续表

教学环节(时间)		学习内容	师生活动	教学手段/教学方法	设计意图
课中	活动体验、新课讲授、互动教学(30分钟)	二、自省的五个作用 1. 自省可确保不触犯法纪 2. 自省可学会思考 3. 自省可停止抱怨 4. 自省可及时调整目标 5. 自省可改进自控方法	1. 教师发布任务一："照镜子"(见附件1) 2. 各小组组长领取任务单，根据任务要求，积极参与、充分讨论 3. 小组代表展示讨论结果 4. 根据各小组讨论结果，师生共同归纳、总结出自省的作用 5. 教师根据各组活动表现情况适当奖励3~5个"小笑脸"	PPT/ 任务驱动教学法 体验式教学法 小组讨论教学法 启发法 讲授法	1. 离开事件本身，空谈"反省"是无意义的 2. 设计学生生活中常见的场景，用"照镜子"的形式，来引导学生反思自身言行举止
课中	活动体验、新课讲授、互动教学(25分钟)	三、自我反省的方法 1. 问自己问题 2. 寻求他人的反馈	1. 教师发布任务二："同桌对对问"(见附件2) 2. 各小组组长领取任务单，根据任务要求，积极体验 3. 头脑风暴：在自我反省过程中有哪些简单好用的方法 4. 教师活动小结 "同桌对对问"活动实体现了自我反省的两种常用方法"问自己问题""寻求他人反馈"。同学们通过头脑风暴，还额外找到了其他一些有效的方法，如写日记、写周记、做计划、完成进度表等 5. 教师根据各组活动表现情况，适当奖励2~3个"小笑脸"	PPT 磁性白板 粗头笔 彩色卡纸 磁铁/ 头脑风暴法 小组讨论教学法 启发法 讲授法	1. 一般情况下，学生大多能指出反思自己、请教别人等方法 2. 引导学生发散思维，思考生活中还有其他哪些简单有效的反省方法

续表

教学环节（时间）		学习内容	师生活动	教学手段/教学方法	设计意图
课中	评价（10分钟）	学生自评 教师点评	1. 学生自评 填写“自我评价表”，完成知识点测评、个人课堂表现自省 2. 教师评价 针对各小组在“参演小品”“寻找关键词”“照镜子”“同桌对对问”及课堂表现等几项的完成情况，算出总分，公布本次课获胜小组名单，颁发小礼品奖励	评价表 “小笑脸” 粗头笔 小礼品/ 小组讨论教学法 互动式教学法	通过自评的形式复习巩固知识点，加深学生对知识点的理解
课中	小结（5分钟）	本次课的主要内容	1. 回顾梳理本节课的知识点 自省的五种作用及自我反省的两种方法 2. 教师小结 对学生提出期待与鼓励	PPT/ 讲授法	帮助学生系统归纳知识，加深印象
课中	作业布置（5分钟）	我的自省宣言和自省计划	作业内容 1. 为自己设计一句“自省宣言” 2. 根据“计划管理”所学的方法，结合自身实际需求，设计一份自省计划	PPT/ 任务驱动教学法 体验式教学法	结合自身实际，制订自省计划，将所学内容运用在生活中
课后	辅导与答疑	保持自我反省相关知识或者作业	指导学生完成课后作业	互动式教学法	鼓励学生在学习生活中能时时自我反省

五、学业评价

本课的学业评价是结果性评价和过程性评价的结合，分知识点评价、个人课堂自省和教师评价三个部分。评价采用随堂完成的形式，知识评价的题目由教师发给学生，或教师用 PPT 展示、学生直接作答的形式均可

一、知识点测评（共计 50 分）

（一）填空题（每空 3 分，共 30 分）

1. 自省是通过自我意识来省察自己言行思想的过程，是____________、____________、____________的过程。

2. 自省的作用有可____________、可____________、可____________、可____________、可____________。

续表

3. 自我反省的方法有________________________、________________________。

（二）判断题（每题2分，共10分）

1. 自省是一种积极健康的生活态度。（　　）

2. 每周写周记是一种保持反省的有效手段。（　　）

3. 反省只针对错误的言行，那些正确的就不用再反省了。（　　）

4. 反省只针对言行，不针对思想。（　　）

5. 常常自省能帮助我们减少抱怨。（　　）

（三）选择题（每题2分，共10分）

1. 下列做法正确的是（　　）。

A. 反省就是给自己找错，可找的错太多了就不知道怎么改了

B. 过去的事就让它过去吧，再想也没什么用处了

C. 争取每天都能反思自己的生活，找出成功的经验和失败的教训

2. 小刚这次考试成绩很不理想，他应该（　　）。

A. 不用放在心上

B. 认真反思自己前一段的学习情况，找准原因，及时改正

C. 争取下次考好

3. 以下属于自省的是（　　）。

A. 有朋自远方来不亦乐乎

B. 日省其身，有则改之，无则加勉

C. 知之为知之，不知为不知，是知也

4. 把成功归结为自身内在的特质，而把失败归结于外在客观环境，这种归因方式，我们称为（　　）。

A. 首因效应

B. 防卫归因

C. 努力归因

5. 俗话说“当局者迷，旁观者清”，因此我们在自省时应该（　　）。

A. 问自己问题

B. 寻求他人反馈

C. 寻找正确的归因方式

二、个人课堂自省（共计30分）

1. 有无积极参加课前小品表演任务？完成情况打分：__________。（满分10分）

2. 请给你的课堂表现情况打分：__________。（满分10分）

3. 你的小组有10人，如果得分根据个人表现的好坏依次为10分到1分，你认为你的得分是：__________。

三、教师点评（共计20分）

上课之前，教师将“学生课堂表现表”提前张贴出来。

在课堂上，教师根据学生参与活动情况进行“小笑脸”奖励，“笑脸”要张贴在相应的组别、相应的活动方框中。每个“笑脸”价值2分。课程结束之前，教师选出在课堂上表现最好的两组，再额外奖励两个“笑脸”。结合各小组最后获得的“笑脸”总数，算出总分，各小组根据总分排名先后依次获得20、18、16、14、12分。

续表

学生课堂表现表

小组名	课前故事搜集	照镜子	同桌对对问	课堂整体表现	总分
A 组					
B 组					
C 组					
D 组					

四、总分计算

综合以上，知识点测评获得__________分，个人课堂自省获得________分，所在小组在教师评价中获得__________分，我获得了__________分

附　件　1

课堂任务一：活动“照镜子”

在日常生活中，我们几乎每天都要照镜子，检查我们的仪容仪表是否得体。如果我们每天对自己的言行也照照“镜子”，进行反省，经常对自己做过的事回过头来想想，我们将会有更大的收获。下面有五个镜面，如果你是镜中主人翁，你会有何行动？请各小组讨论后将答案写在横线上。

镜　面　一

某日，我骑共享单车，看见车筐内放着一个黑色手提包，刚想问是谁的包，可是四周无人，打开包，只见里面有一部最新款手机，还有厚厚的一叠人民币，还有名片、电话本。“哇”，我脱口而出，拉上提包，我陷入了沉思……

我的内心活动（自省过程）：____。

我的行动：____。

由此可见，自省有____的作用。

镜　面　二

曾子曰：“吾日三省吾身：为人谋而不忠乎？与朋友交而不信乎？传不习乎？”非常触动。我决定每天也问自己三个问题。至于问哪三个问题最切合实际，我陷入了思考……

我的内心活动（自省过程）：____。

我的行动：____。

由此可见，自省有____的作用。

镜　面　三

上课迟到了，我认为是今天下暴雨导致的；考试考砸了，我认为是老师出的试卷太难了；和同学闹矛盾了，我认为是同学太小气，开不起玩笑；被老师批评了，我认为是老师针对我……某天，我突然发现自己成了一个爱抱怨、负能量满满的人，我决心改变……

我的内心活动（自省过程）：____。

我的行动：____。

由此可见，自省有____的作用。

镜 面 四

虽然学习基础很差，但还是给自己制定了考年级第一的目标。努力了一学期，我仅仅考了班级二十来名，我很泄气……

我的内心活动（自省过程）：____。

我的行动：____。

由此可见，自省有____的作用。

镜 面 五

在上电工操作课的时候，教师让大家用手机查阅相关资料，但这时我的微信提示音响了。我决定……

我的内心活动（自省过程）：____。

我的行动：____。

由此可见，自省有____的作用。

附　件　2

课堂任务二：同桌对对问

有这样一句话："很多人想改变世界，却很少有人想改变自己"。这说明在生活中，我们很多人都没有掌握自我反省的方法。现在请你和你的同桌一起来体验以下活动。

要求：两人为一组来完成下列问题的自问自答以及自问对方答（一人先体验，再换另一人）；问题回答要严肃、客观、公正。

举例：同桌 A、B 两人，A 的体验流程如下：

A：我最喜欢自己的地方是＿＿＿＿（A 作答）＿＿＿＿；
　　你最喜欢我的地方是＿＿＿＿（B 作答）＿＿＿＿。
　　我最不喜欢自己的地方是＿＿＿＿（A 作答）＿＿＿＿；
　　你最不喜欢我的地方是＿＿＿＿（B 作答）＿＿＿＿。

A：我认为我最擅长的地方是＿＿＿＿（A 作答）＿＿＿＿；
　　你认为我最擅长的地方是＿＿＿＿（B 作答）＿＿＿＿。
　　我认为我最不擅长的地方是＿＿＿＿（A 作答）＿＿＿＿；
　　你认为我最不擅长的地方是＿＿＿＿（B 作答）＿＿＿＿。

A：我认为我最应该发扬的优点是＿＿＿＿（A 作答）＿＿＿＿；
　　你认为我最应该发扬的优点是＿＿＿＿（B 作答）＿＿＿＿。
　　我认为我最应该改正的缺点是＿＿＿＿（A 作答）＿＿＿＿；
　　你认为我最应该改正的缺点是＿＿＿＿（B 作答）＿＿＿＿。

A：我认为本学期最大的进步是＿＿＿＿（A 作答）＿＿＿＿；
　　你认为我本学期最大的进步是＿＿＿＿（B 作答）＿＿＿＿。

第二课　不断自我提升教学设计 12

<table>
<tr><td>教学单元/课</td><td>第五单元　自省与提升
第二课　不断自我提升</td><td>课时</td><td>2 课时</td></tr>
<tr><td>教学内容</td><td colspan="3">在克服困难中强化自我；在应对挫折中成就自我；在不断成长中完善自我</td></tr>
<tr><td rowspan="2">教学对象</td><td>授课专业</td><td>授课班级</td><td>学生人数</td></tr>
<tr><td>幼师专业</td><td>五年制高级班
中级阶段</td><td>48</td></tr>
<tr><td>学情分析</td><td colspan="3">授课对象为女生，她们感情丰富而细腻，善于思考，渴望在学习中提升自我，但付诸行动不多。课堂中采用体验式教学，营造积极向上的氛围，激发学生不断提升自我的信心</td></tr>
<tr><td colspan="4">一、教学目标</td></tr>
<tr><td colspan="4">掌握克服困难、应对挫折的方法，培养迎难而上的果敢和积极心态；掌握作为技能人才和职场人自我完善的方法，激发提升自我的积极性和主动性；树立在困难、挫折中强化自我、成就自我的自强意识</td></tr>
<tr><td colspan="4">二、重难点分析</td></tr>
<tr><td colspan="4">重点：能够运用自我完善方法进行自我提升
重点突破策略：主要通过评选“班级达人”的方式，让学生从他人身上学习完善自我的方法，激发学生提升自我的积极性和主动性
难点：能够运用自我完善方法进行职场上的自我提升
难点化解策略：主要通过“预见未来的自己”活动让学生感受未来职场中可能遇到的问题，激励学生自我提升，在小组合作探究学习与思维碰撞中学会运用职场人的思维方式完善自我</td></tr>
<tr><td colspan="4">三、学习资源</td></tr>
<tr><td colspan="4">所需的学习资源如下：
1. 教学平台：互动学习平台
2. 多媒体教室及教学设备：电脑、投影仪、麦克风、手机、网络、黑板、白板等
3. 信息化教学资源：PPT、视频等
4. 教材及评价表等</td></tr>
</table>

续表

四、教学实施过程					
教学环节（时间）		学习内容	师生活动	教学手段/教学方法	设计意图
课前	翻转课堂（课前一周）	1. 阅读克服困难、战胜困难的励志故事 2. 了解世界技能大赛	通过互动学习平台发布学习任务： 1. 分组：全班分成6个小组 2. 小组讨论并评选出班级中学习能力、沟通能力以及团队协作能力三个方面表现突出的同学各一位，作为班级达人评选的候选人。请候选人准备30秒时间的发言，分享自己在提高学习能力、沟通能力、团队协作能力上的好经验 3. 观看世界技能大赛的相关资讯，激发学生思考如何成为高技能人才	互动学习平台 视频/ 小组讨论 教学法	1. 利用翻转课堂，培养学生的自主学习能力 2. 评选班级候选人，为课堂发言做好准备
课中	组织教学（2分钟）	考勤及课堂问候	1. 教师通过互动学习平台进行考勤 2. 课堂问候	互动学习平台	考勤对学生安全负责。课堂问候集中学生注意力
课中	导入（8分钟）	教师给学生送礼物	1. 教师为各小组赠送小礼物（见附件1） 2. 学生思考与分享：这些礼物代表了什么 3. 教师引导学生理解困难与挫折是生活馈赠给我们的礼物，能给我们带来惊喜与成长，导入本课主题	礼物 PPT/ 启发式教学法 小组讨论 教学法 互动式教学法	1. 教师设置悬念，使学生期待 2. 用正向思维为课堂营造积极向上的学习氛围

续表

教学环节（时间）		学习内容	师生活动	教学手段/教学方法	设计意图
课中	新课讲授及活动体验（15分钟）	一、在克服困难中强化自我 二、在应对挫折中成就自我	1. 教师播放视频《手掌钢琴女孩》，引导学生讨论 （1）桂桂成为幼师的路上可能遇到什么困难 （2）桂桂对你在克服困难、应对挫折、强化自我、成就自我的启发是什么 （3）生活中我们可以运用哪些方法克服困难，应对挫折 2. 小组代表发言，其他小组记录 3. 教师总结，鼓励学生面对困难、挫折要有迎难而上的果敢精神，并引导学生完成积极心态训练。仿照教材第109页例句写下尽可能多的激励自己的积极话语，建立积极心态	PPT 故事案例 视频/ 互动式教学法 启发式教学法 小组讨论 教学法	1. 从视频中获得启发与鼓舞，学习克服困难、应对挫折的态度与方法，提高学生克服困难、应对挫折的信心 2. 同专业的视频人物贴近学生实际，能够引起共鸣 3. 教师通过心态训练，增强学生克服困难、应对挫折的勇气
课中	新课讲授及活动体验（20分钟）	三、在不断成长中完善自我 （一）作为技能人才的自我完善 1. 提高学习能力 2. 提高沟通能力 3. 增强团队意识、树立团队精神	评选班级达人： 1. 各小组推荐的候选人依次上台发言，每人30秒介绍自己在学习能力、沟通能力、团队协作能力上的好方法 2. 各小组进行记录，梳理与总结提升学习能力、沟通能力、团队协作能力的方法 3. 各小组根据候选人的发言进行投票，选出三位同学分别给予学习达人、沟通达人、团结协作达人的班级达人荣誉称号 4. 教师从学习能力、沟通能力、合作能力三个方面进行归纳，提炼实现技能人才完善自我的做法	PPT 白纸 彩色笔 磁铁粘 白板/ 启发式教学法 互动式教学法 体验式教学法 小组讨论 教学法	1. 通过评选班级达人鼓励学生以达人为榜样，学习达人在学习能力、沟通能力、团队协作能力三个方面的提升方法，不断完善自我 2. 将知识点融入活动，加深学生的理解

续表

教学环节（时间）		学习内容	师生活动	教学手段/教学方法	设计意图
课中	新课讲授和活动体验（35分钟）	（二）作为职场人的自我完善 1. 提高专业能力和职业素养 2. 培养职业认同感 3. 学会自我心理调适	遇见未来的自己——成为优秀的幼师 1. 教师给出三个职场情境（见附件2），引导学生思考 （1）面对情境1的情况作为优秀幼师的你能够运用专业能力与职业素养去处理。请列举优秀幼师应该具备的专业能力和职业素养 （2）面对情境2的情况作为优秀幼师的你能够以足够的职业认同感去面对这些负面影响。请列举职业认同感的意义以及如何提升自身的职业认同感 （3）面对情境3的情况作为优秀幼师的你可以恰当地进行心理调适并处理此事。请列举在职场中可运用的心理调适方法 2. 小组成员合作进行头脑风暴，解决情境中的问题，将答案的关键词写在白纸上贴在白板上展示，看哪组的答案内容丰富，表达准确 3. 教师巡堂，观察合作表现，给予必要引导	任务单 PPT 4开白纸 大头笔 磁铁粘 白板/ 小组讨论教学法 启发式教学法 头脑风暴法 情境教学法	1. 小组合作增进互动，集思广益，提高团队精神，锻炼协作能力 2. 通过活动设计进行头脑风暴，促进学生思维的碰撞，帮助学生更好地掌握知识点 3. 遇见未来的自己让学生提前感受职场问题，激发学生不断提升自我，树立成为优秀幼师的信心 4. 小组竞赛的方式激发学生的竞争意识，提高学生的学习积极性和合作能力
课中	小结（5分钟）	四、本课主要内容	教师对本课重难点进行梳理，并播放世界技能大赛颁奖视频，激发学生自我提升的欲望	PPT 视频/ 讲授法 启发式教学法	教师激励学生自我提升
课中	作业布置（5分钟）	五、知识拓展“我的自我提升”表格	让学生思考完成知识拓展“我的自我提升”表格内容，拍照分享到互动学习平台并进行讨论	PPT 互动学习平台 / 互动式教学法	教师让学生梳理所学知识和技能，检验学习后自己的提升过程以确定今后的努力方向
课后	活动延伸	六、活动延伸内容	学生思考完成活动延伸内容并拍照分享到互动学习平台进行讨论	互动学习平台 / 互动式教学法	巩固学习内容，强化学习成效

续表

五、学业评价

本课的学业评价是结果性评价和过程性评价的结合，分为三部分：学生自评、小组互评和教师点评

1. 学生自评：根据课前、课中、课后的表现进行自评

自我评价表						
评价内容（分组）组名	课前准备（20 分）	积极心态训练表现（20 分）	优秀幼师展示（20 分）	职场成长环节表现（20 分）	课后作业（20 分）	总分（100 分）
自省中值得表扬的地方						
自省中有待改进的地方						
思考如何进行自我提升						

2. 小组互评：请小组给除了本组之外的其他小组打分，一颗“小星星”加 5 分附加分

小组评价表					
评价内容（分组）组名	小组发言积极性（25 分）	应对困难挫折方法多样性（25 分）	职场情境解决能力（25 分）	认真倾听他组发言（25 分）	总分
A 组					
B 组					
C 组					
D 组					
E 组					
F 组					

续表

3. 教师评价：教师给各小组的表现进行评分

教师评价表						
评价内容（分组）组名	小组内分工明确程度（20分）	组员的参与程度（20分）	组员沟通交流情况（20分）	合作解决问题的能力（20分）	合作探究的氛围（20分）	总分（100分）
A组						
B组						
C组						
D组						
E组						
F组						

附 件 1

小礼物的内容（将每句话分别写在一张彩纸上）

1. 参加学生会面试落选了。
2. 晚自习上，总是控制不住自己玩手机。
3. 组织班级活动时遭到同学们的抱怨。
4. 学不会花式轮滑技巧。
5. 绞尽脑汁完成的社团活动策划方案被否定。
6. 实操内容做不好。

附　件　2

职场情境

情境 1

有一些家长送孩子到幼儿园后，躲在窗户后偷偷看自己小孩有没有哭。如果孩子发现了家长还在，通常会继续撒娇或者哭闹。

情境 2

近期，新闻媒体频频出现对幼师的负面报道。看到对本职业的一片骂声，朋友们也陆陆续续劝你离开幼师这个职业。

情境 3

小朋友把自己的耳朵弄出血了，回到家就跟家长说是老师弄出血的。第二天家长到学校向院长投诉你，你澄清事实表明是孩子自己弄的。家长始终坚持孩子是不可能撒谎的，是老师在推卸责任。